E.-A. SEILLIÈRE

AU PIED DU DONON

SCÈNES DE MŒURS VOSGIENNES

PARIS
IMPRIMERIE A. BOURDILLIAT
15, RUE BREDA

1860

AU PIED DU DONON

E.-A. SEILLIÈRE

AU PIED DU DONON

SCÈNES DE MŒURS VOSGIENNES

PARIS

IMPRIMERIE A. BOURDILLIAT

15, rue Breda

1860

AU PIED DU DONON

SCÈNES DE MŒURS VOSGIENNES

I

Au nord du département des Vosges, parmi les vallées dont le Donon forme le centre hydrographique, l'une des plus fraîches et des plus riantes est celle de la Maine, ruisseau qui descend vers la Meurthe, entre la Plaine et le Rabodeau. L'industrie, qui s'est emparée des populations voisines, n'a pas installé ses moteurs sur ce cours d'eau paisible, et les habitants d'Hermont et du Vieux-Mesnil, les deux principaux villages de la vallée, vivent exclusivement des divers travaux qu'exige l'exploitation des forêts.

L'un des chemins qui conduisent des bords du Rabodeau à ceux de la Maine passe par la maison forestière de Prayé, située au milieu de la *chaume* de ce nom. Ce chemin suit le cours d'un affluent du Rabodeau, nommé le Grand-Bras, au fond d'un long pli de la montagne. Sa pente est assez rapide, sa surface assez inégale pour qu'une voiture suspendue ait peine à y passer; mais les chariots des bûcherons ont des articulations indéfiniment élastiques, qui permettent à chacune de leurs quatre roues de prendre, en même temps, des directions différentes.

Le ruisseau suit d'ordinaire une pente douce au niveau de la route; parfois, tombant de roches escarpées, il va se perdre à quelques mètres plus bas, dans un fouillis de broussailles et de pierres moussues où l'œil le cherche en vain. On le retrouve une dizaine de pas au-dessous, sortant à l'improviste d'un rocher dans lequel il s'est usé une voie, ou d'une souche difforme, aux longs bras noirs et tortueux, qui lui fait un pont naturel.

Les sapins qui bordent cette route forestière font plus pour sa durée et son entretien que ne feraient les meilleurs cantonniers. Le sol végétal, peu épais dans ces montagnes de grès, est, chaque hiver, entraîné par la fonte des neiges, et va, porté par les canaux d'irrigation, engraisser les pâturages de la vallée. A peine en reste-t-il quelques amas, logés dans les anfractuosités des roches détachées qui couvrent les versants. Le sapin va le chercher dans ces recoins, opération pénible, qui fait que le pauvre arbre, comme les bûcherons vivant à ses dépens, a souvent du mal à gagner sa vie. Il envoie au loin ses racines qui s'enchevêtrent dans les fougères, les genévriers et les myrtilles, et passent bravement par-dessus les obstacles qu'elles ne peuvent percer ou tourner. La pierre mobile, tenue par l'étreinte des bras du vigoureux ouvrier, ne peut plus, aux grandes eaux, quitter sa place pour rouler au fond du ravin par le chemin le plus court, en enlevant une partie de la route. De maigres sapins, d'autant plus décharnés qu'ils sont plus loin du sol, tiennent ainsi d'énormes blocs de grès sur des pentes ravinées par les eaux, et luttent, pour conserver la montagne, contre les éléments qui tendent à la détruire.

Souvent l'arbre est vaincu. — L'eau déchausse le bout de ses racines, soulevant un à un les doigts effilés qui se cramponnent au sol; puis son allié, le vent, décide la victoire. — L'arbre écrase de sa chute la petite famille que semaient sous lui ses pommes écailleuses, et vient barrer le chemin qu'il protégeait. Le forestier qui passe le marque comme *chablis*; un bûcheron l'ébranche pour l'emporter, s'il en vaut la peine; sinon on le pousse au ruisseau qui le dépèce lentement.

Lés forêts de sapins sont plus silencieuses que les bois de chênes ou de hêtres; peu d'animaux vivent des plantes résineuses. Quelquefois, un chevreuil traverse la route, allant boire au ruisseau, et remonte lentement sous la voûte sombre veinée de rayons de soleil. — Le gloussement de la *rousse*, la poule des bruyères, arrive jusqu'à vous, apporté par le vent des sommets voisins. — Les mésanges qui se nourrissent de vers et font leur nid dans les arbres creux, se suspendent aux branches et se poursuivent avec leur petit cri aigu. — Le pic, cet infatigable travailleur, fait retentir les coups réguliers de son marteau sur les troncs secs ; et les tribus des *sylvains*, papillons sombres, rayés de blanc, voltigent sur les mûriers et les bruyères du bord de la route. — Le murmure du ruisseau ; le bruissement des sapins qui, au moindre vent, balancent leur long cône et frottent leurs branches supérieures ; les chocs sourds du *battant* de la scierie que vous avez laissée derrière vous une heure auparavant, et dont le bruit vous suit toujours ; les coups éloignés des haches des bûcherons vous accompagnent seuls dans ces montagnes, d'où la vie végétale semble proscrire toute autre vie.

Quelquefois, à un détour de la route, vous découvrez, derrière un rocher ou un tronc d'arbre, la blouse bleue d'un pêcheur de truites qui descend le ravin en jetant sa ligne partout où il peut arriver près de l'eau. — Pêche solitaire, mais pleine d'émotions, et bien différente du plaisir tranquille qui a fait aux pêcheurs la réputation que l'on sait. — La truite se prend à la mouche volante ; c'est-à-dire que l'appât doit rester sans cesse à une certaine hauteur au-dessus de l'eau. — Le poisson saute, happe l'insecte sans le serrer, et c'est alors que l'homme donne un coup de main brusque qui fait mordre l'hameçon dans un palais dur et garni de petites dents aiguës. — Le pêcheur ne doit pas se montrer, sous peine de voir fuir sa proie. Tapi sans cesse derrière les remparts qu'il peut trouver, plongé jusqu'aux genoux dans les mousses humides, il ne voit que l'insecte artificiel qu'il fait voltiger au-dessus de l'eau. — Ajoutez à ces difficultés celles du terrain; les arbres inclinés qui couvrent le ruisseau, les roches glissantes qui font trébucher, les mousses qui cachent des trous profonds : vous comprendrez alors pourquoi les citadins qui essayent de cet exercice laissent le plus souvent leur ligne dans les branches pour ne rapporter qu'un rhume ou une entorse.

La truite, poisson fort leste, a gagné aux obstacles qui entourent sa pêche une grande réputation d'adresse et de ruse. Le paysan vosgien la croit presque sorcière et vous fait sur ses prouesses des récits étonnants. Selon lui, elle remonte, à l'époque du frai, des chutes verticales de cinq ou six mètres, et, quand vous paraissez en douter, il vous demande comment, sans cela, on pourrait trouver de grosses truites à la source de ruisseaux qui ne sont qu'une cascade perpétuelle.

La rencontre la plus fréquente faite par les voyageurs dans ces chemins de montagnes est celle d'un char à bœufs, ordinairement conduit par deux paysans, dont l'un dirige les animaux à grand renfort de cris : *Jansé! mouré, haï...*, etc., empruntés à une langue spéciale que les bœufs comprennent à merveille. — L'autre reste auprès des freins grossiers qui paralysent les roues de derrière. — La marche des hommes est aussi indolente que celle des animaux. — Cinq à six grosses pièces de bois, liées par des chaînes de fer, — des *tronses,* comme les Vosgiens nomment les troncs non équarris, chargent les essieux qui gémissent quand une roue s'enfonce dans une ornière, tandis que l'autre s'élève sur un rocher. Les bœufs, noirs ou roux, la tête relevée, et supportant sur le derrière de leurs cornes le poids du chariot qui les pousse, écartent leurs jambes de devant pour se donner plus de prise sur le sol inégal. — Le voiturier, parvenu dans la vallée, jettera sur le bord du chemin l'énorme frein de bois, fardeau inutile dans les routes plates, et le reprendra à son retour dans les coupes.

A l'approche des chaumes, la forêt s'éclaircit, — les places vides deviennent plus fréquentes parmi les arbres qui ne résistent plus aux vents par une masse compacte. — Le ruisseau diminue, pour se réduire insensiblement à un filet d'eau perdu dans les mousses.

Par une matinée de mai 1852, un vieillard et un jeune homme gravissaient de compagnie le chemin de Prayé. Le premier portait sur ses épaules une petite valise de voyage ; le second, un de ces sacs de toile que les étudiants allemands nomment *tornister*. Le vieillard était vêtu d'un pantalon de gros velours brun et d'une blouse bleue qui laissait passer par le haut le col d'une veste semblable au pantalon. Il marchait du pas pesant et régulier habituel aux montagnards, fléchissant sur les genoux, et se servant de toutes les articulations que rend inutiles aux citadins le pas pressé des affaires. Il allait les yeux fixés au sol, fort indifférent à l'aspect de la route, et fumait une pipe de terre, brunie par un long usage.

Son compagnon, dans lequel on pouvait facilement reconnaître un touriste de la ville, portait une blouse blanche, un chapeau de feutre lavé par les averses, et des guêtres de toile à voile. Il s'arrêtait souvent pour regarder les cascades et les accidents de la route et sautait, à l'aide d'un long bâton ferré, les crevasses faites sur le chemin par les grandes eaux de l'hiver.

— Eh bien ! père Schmidt, disait le jeune homme, votre lieue me paraît d'une jolie longueur. Voici, si ma montre ne me trompe, une heure que nous marchons et je ne vois pas cette croix qui, selon vous, était à une lieue de la scierie.

— Nous y sommes bientôt, monsieur Maurice, répondit le vieillard, encore une petite demi-heure.

— Va pour la demi-heure ; mais si l'on vous avait souvent fait faire à l'étape dix lieues comme celle-ci quand vous étiez troupier, vous n'auriez pas conservé de si bonnes jambes.

Tous deux se turent, car le chemin prenait une pente plus rapide dans une partie découverte où le soleil de huit heures commençait à se faire sentir. Rien n'est moins favorable à la conversation que la marche en terrain escarpé, et comme la côte était longue, les deux voyageurs ne rompirent le silence qu'après que le jeune homme, regardant de nouveau sa montre, eut constaté que la demi-heure était écoulée.

— Allons, mon brave, dit-il au père Schmidt, vos heures sont de cent vingt minutes ; avouez-le, et je ne vous en voudrai pas. C'est une manière de compter comme une autre ; le tout est de s'entendre.

— Tenez, monsieur, voyez-vous cette *pinasse* sur le bord de la route, celle qui est plantée droit au-dessus de l'eau sur ce rocher? Là, auprès, est la croix et le chemin de la Meix. Ainsi, ne craignez pas, nous arrivons. Nous autres, dans les Vosges, nous appelons une lieue le chemin qu'on peut faire en marchant bien pendant une heure ; et, ma foi, il faut croire que ceux qui ont mesuré les lieues dans nos montagnes avaient les jambes plus longues que nous.

Cette explication parut satisfaire le touriste. Un quart d'heure plus tard, nos deux voyageurs étaient assis sur un quartier de grès, au pied du pin indiqué. Là, le jeune homme tira du bissac de son compagnon un morceau de viande froide, du pain, du fromage, une gourde remplie d'un bon vin d'Alsace. Après que le vieillard eut tracé de son couteau une croix sur la miche, tous deux se mirent à faire un de ces repas en plein air, si bien assaisonnés par l'appétit qu'aiguise une bonne marche et les vives senteurs des bois.

Quand le père Schmidt eut bu la dernière goutte du vin qui, selon son expression, était à se relécher les *pottes,* il passa en revue les troncs des trois ou quatre sapins les plus rapprochés. Il parvint ainsi à rassembler quelques grosses boules de résine et les apporta dans la main à son compagnon de voyage.

— Que voulez-vous que je fasse de cela? demanda celui-ci.

— Mangez-les, c'est très-*santif.*

Santif, dans le langage vosgien, signifie bon pour la santé.

— Merci, répondit le citadin, je n'en use pas.

— Vous avez tort, monsieur, dit le vieillard qui avala successivement les pilules préparés par la nature.

— Nous allons nous quitter là, père Schmidt, reprit le jeune homme.

— Oui, monsieur Maurice, je vais vous souhaiter une bonne route et vous mettre dans votre chemin de façon que vous ne puissiez pas vous tromper. Vous marcherez droit devant vous jusqu'à ce que vous ayez quitté les sapins, une demi-heure, à peu près. Quand vous serez sur la chaume, suivez-en le bord à gauche et rentrez dans la forêt que vous aurez devant vous. Après que vous aurez fait deux cents pas, vous serez près d'une cabane ruinée, et de là vous verrez le lac. Pour y descendre, ne craignez pas de vous tromper ; vous n'auriez qu'à vous laisser *châyer* [1] de la montagne pour y arriver tout seul.

Maintenant, une fois à Hermont, et vous y serez avant midi, si vous ne perdez pas trop de temps au

---

[1] *Châyer*, glisser.

lac, demandez Jacques Schmidt, mon *garçon*, qui est *sagard* [1] comme moi. Vous verrez bien sa scierie, il n'y a que celle-là dans le village. Vous lui direz que je suis chez Morel, le garde de Prayé, qu'il y monte de suite, je serai bien aise de le voir. Cela ne m'arrive que trois ou quatre fois l'an, quoique nous ne soyons pas loin l'un de l'autre ; mais la montagne est longue à traverser et les sagards ne chôment guère le dimanche. Jacques vous descendra vos bagages, qu'il prendra chez le garde, et je *revanrai* à la scierie sans être *ennuité*. Donnez-moi votre sac, il n'y a plus de *rein* [2] jusque chez Morel, où je serai dans un quart d'heure, et c'est inutile que vous le montiez là-haut ; mon garçon vous le descendra avec le reste.

— Très-bien, père Schmidt, c'est entendu ; merci et au revoir, dit le jeune homme en rebouclant sa valise, et en mettant dans la main de son guide quelques pièces de monnaie auxquelles celui-ci fit bon accueil après avoir essayé, pour la forme, quel-

---

[1] *Sagard*, conducteur de scierie.
[2] *Rein*, côte, montée.

ques gestes de dénégation. Au printemps prochain, je repasserai peut-être par ici.

— Allons, monsieur Maurice, Dieu vous garde, et fasse que je sois encore là quand vous y reviendrez. Au revoir!... Ah! j'y pense, l'étang sera bas aujourd'hui; vous pourrez voir les maisons au-dessous de l'eau.

— Quelles maisons? demanda le touriste.

— Comment! vous ne savez pas l'histoire du lac?

— Ma foi non.

— C'est vrai tout de même que les gens de la ville ne viennent guère dans nos montagnes... Eh bien, voici ce qu'on raconte dans nos *couaïroyes* [1] sur l'étang de la Meix.

Il y avait, il y a bien longtemps, avant que les plus vieux sapins de nos forêts fussent sortis de terre, une belle prairie à la place où vous verrez le lac. Là, une chapelle de la Vierge, dont les ruines sont auprès du bord, et où on enterrait encore, il n'y a

---

[1] *Couaïroye, couairaidje*, — réunion dans l'après-midi. L mot de *lourre* désigne la veillée du soir.

pas vingt ans, les enfants morts sans baptême faisait des miracles ; on y venait de loin en pèlerinage. — Il y avait, joignant la chapelle, un hameau qui se nommait la Meix. A toutes les fêtes, le curé d'Allarmont, un village de la vallée de Celles, montait la côte avec ses paroissiens et disait la messe à l'ombre des sapins sur l'autel de pierre de la Vierge.

Un jour de Pentecôte, les habitants de la Meix étaient en grande fête. — C'étaient de mauvaises gens, grossiers et durs, détestés de leurs voisins des vallées, et ne craignant pas plus le diable qu'ils n'aimaient Dieu. — Ils étaient à boire et à danser quand le curé arriva. Quelques-uns, meilleurs que les autres, voulurent sortir et aller à la messe ; mais les plus mauvais, la tête prise par le vin, jurèrent que personne ne bougerait et fermèrent la porte de la maison. Le bruit de leurs chants et de leur danse couvrait la voix du curé pendant qu'il élevait le saint sacrement.

Mais dès qu'il fut redescendu au village, un orage affreux vint sur la montagne de la Meix. Cet orage dura toute la nuit, avec un tel bruit de tonnerre, que les plus anciens du pays n'avaient jamais rien entendu de pareil.

Le premier bûcheron qui monta, trouva à la place du village un lac noir et profond dont les eaux venaient contre les murs de la chapelle. Vous verrez encore les ruines des maisons sous l'eau, et si vous étiez là le jour de la Pentecôte, vous entendriez, comme je l'ai plusieurs fois entendu, le bruit des violons et des danseurs qui sont dans le lac.

— Vous avez l'oreille meilleure que moi, père Schmidt, dit le jeune homme en souriant.

— Vous riez, monsieur Maurice; je riais aussi quand j'étais jeune. Mais depuis que j'ai vu le curé, je ne ris plus.

— Quel curé?

— Celui qui disait la messe le jour du miracle : plus de cent personnes étaient là, et celles qui vivent encore vous le diraient comme moi.

— Bah! père Schmidt, contez-moi donc cette histoire?

— Volontiers, monsieur. On monte tous les ans en pèlerinage au lac le jour de l'Ascension. On y vient de la vallée de Celles, de la vallée de Senones, et aussi de celle d'Hermont. J'y allais toujours, moi, du temps que mes jambes étaient bonnes. — Il y aura bientôt quarante ans, c'était en 1816, je venais de me marier, et ma pauvre femme, qui est enterrée à Moussey, était montée avec moi. Je la vois encore marchant avec sa jupe rouge dans le chemin que vous allez prendre.

Eh bien, tout se passa ce jour-là comme d'ordinaire, jusqu'à l'élévation de la messe. Alors beaucoup de nous qui étaient à genoux vis à vis du lac virent, comme je vous vois, un prêtre avec une robe blanche, se tenant droit sur l'eau, au lieu où l'on dit que le lac n'a pas de fond. Il faisait les mêmes mouvements que celui qui était à l'autel. Tout le monde eut bien peur, comme vous le pensez, mais on n'osa pas appeler notre curé, qui avait le dos tourné au lac. — Quand il regarda, le miracle avait disparu; mais, il restait au milieu de l'eau un grand cercle, comme celui d'une pierre qui y serait tombée. C'est égal, il n'y a pas eu un des hommes qui ont vu cela, qui ne soit devenu bon chrétien, s'il ne l'était pas avant.

Le jeune homme sourit de la foi naïve du vieux

paysan, mais ne jugea pas à propos d'attaquer des croyances si bien établies. Il se borna à dire qu'il écouterait et tâcherait d'entendre les violons. Puis, serrant la main de son guide, il se mit à gravir le sentier escarpé de l'étang, tandis que le vieillard continuait à suivre le chemin plat de la maison forestière. Quand ils furent à une centaine de pas l'un de l'autre, le paysan se retourna et cria au touriste :

— Eh! monsieur, vous qui êtes jeune, dites-donc à Jacques de vous montrer Marguerite, sa prétendue et vous aurez vu la plus jolie *bacelle* [1], de nos montagnes. Du reste, vous dînerez chez son père, qui tient l'auberge d'Hermont.

Le jeune homme fit un geste amical et perdit de vue le vieillard.

Maurice put bientôt se convaincre que la demi-heure d'ascension que lui avait promise le sagard était comptée à la même horloge que l'heure de marche précédente. Mais, il ne s'en chagrina pas, car il avait le caractère bien fait, et ne voyageait pas

---

[1] *Bacelle*, jeune fille (*bachelette*.)

avec un itinéraire destiné à lui donner l'emploi de chaque heure.

Le sentier qu'il gravissait était une sorte d'escalier, formé alternativement de bancs de grès et de grosses racines apparaissant au-dessus du sol pour s'y enfouir de nouveau. Ce chemin serpentait sous une belle voûte de sapins, mélangés de chênes et de hêtres. Un petit ruisseau, formé peut-être d'une infiltration du lac, coulait auprès sur des mousses argentées, entre des rochers revêtus de bruyères rabougries, et de cette oseille sauvage à feuille plate, que les Vosgiens nomment *pain des coucous*. Chaque pas du voyageur faisait retentir d'un bruit sourd le sol couvert d'une couche épaisse d'aiguilles de sapins. Il ne vit d'êtres vivants que deux écureuils étourdis, qui se laissèrent tomber d'une branche presque sur sa tête, et grimpèrent lestement contre un arbre, qu'ils mirent d'abord entre eux et le touriste.

Maurice s'abandonnait au charme de cette nature paisible, quand un coup de fusil tiré à une faible distance vint lui causer l'impression que produit à un mélomane doucement engourdi par un bon morceau de musique, une fausse note vigoureusement accentuée.

— Au diable le braconnier, se dit-il.

Et comme il allait déboucher sur la chaume, il se trouva nez à nez avec le tireur, qui rentrait dans le bois le fusil à la main.

Le premier mouvement du braconnier, comme celui des écureuils, fut de reculer et de se couvrir du tronc d'un sapin; le second fut de saluer d'un air gauche et étonné; puis enfin, il jeta son arme sur son épaule, et s'avança vers Maurice avec l'apparence d'une sécurité parfaite.

— Vous n'êtes pas garde, que je pense, dit-il, ni gendarme, alors qué que vous faites par ici. Vous êtes peut-être bien adjudicataire de coupes et vous venez pour reconnaître vos bois?

L'interlocuteur de Maurice était un grand gaillard roux, à constitution sèche, chez lequel des yeux effrontés surmontaient une mâchoire étroite et des joues faméliques. Sa tête, par une conformation spéciale des vertèbres du cou, se portait en avant comme celle du chien de chasse. La vie des bois donne à la longue cet aspect aux braconniers de profession, qui écoutent le gibier au moins autant qu'ils ne le voient. Ses vêtements, d'une simplicité antique, se composaient d'un pantalon frangé jusqu'aux genoux et d'une blouse dont il aurait été impossible de dire la couleur originelle, tant elle avait été décolorée par les pluies, seules lessives qu'elle eût jamais reçues. Ni souliers, ni sabots à des pieds couleur de brique, dont la peau défiait ronces et cailloux. Le fusil du braconnier, à un coup, et d'une longueur démesurée, était une vieille arme de guerre, qui avait dû subir toutes les transformations transitoires entre la mèche et la pierre, système qu'employait encore son possesseur.— Peut-être cette arme vénérable était-elle un souvenir du passage des Suédois dans les Vosges.

— Non, répondit Maurice, choqué du ton familier de son interlocuteur, je ne suis rien de ce que vous dites, mais je parie vous dire de suite ce que vous êtes.

— *Ma foi damnée!* ça n'est pas malin; un braconnier; — à votre service si vous désirez un chevreuil ou un coq de bruyères, et surtout si vous voulez les bien payer.— Mais vous me faites l'effet d'être de ceux qui les tuent plutôt que de ceux qui les payent. Sans cela, nous aurions pu nous entendre de suite.

—Voyons votre chasse, dit Maurice, revenu de sa première impression aux instincts du chasseur.

Le braconnier fit passer sur sa poitrine une bosse qu'il avait sur le dos, leva sa blouse, et découvrit un sac de toile grise tenu à son cou par une ficelle.—Il en tira pêle-mêle, une gélinotte, une rousse, une vieille pipe de terre, un demi-litre vide, un sac de plomb et un morceau de pain couvert de sang, de plumes, et de tabac brûlé.

—Eh bien, reprit-il, voilà ma journée, et une bonne, car ces gueux de coqs deviennent rares. Jugez de ce que sont les mauvaises. Encore tout n'est pas fini avec ces animaux-là. Il me faut trotter à Schirmeck, chez un aubergiste qui me les achètera cinq francs, pour les revendre dix à un marchand, qui les revendra vingt à Strasbourg. Et, avec cela, risquer cent fois d'être pris, quoique je n'y aille que la nuit et par des chemins où vous laisseriez vos souliers. Voilà pourtant la vie que les riches font au pauvre monde.

—Pourquoi ne travaillez-vous pas? demanda Maurice; on manque partout d'ouvriers.

— Ah ouiche ! plus souvent. Je sais bien pourtant que je suis destiné à crever seul comme un loup, *à la carre*[1] d'un bois, par un jour de grande neige.— Je pourrais au lieu de cela mourir sous un *plumon* de ferme entre une *mammy*[2] qui *fiolerait*[3], et un curé qui me cracherait du latin. J'aurais sué toute ma vie sur un champ, mangé par les juifs. Je pourrais encore mourir éreinté après avoir respiré trente ans *de l'air puante* dans une de leurs fabriques.— C'est toujours la même histoire; je n'en mangerai pas moins des pommes de terre, et pas autre chose. J'aime mieux rester dans les bois, je respire *la bonne air* et je fais ce que je veux. Les gens de justice me nourriront s'ils me prennent, et leur cuisine sera toujours meilleure que celle-ci. Et puis, je travaille quand je ne peux pas chasser ; j'ébranche, j'abats des sapins dans les coupes, je conduis des *schlittes*[4]. Voyons, voulez-vous la rousse ? je ne vous la vendrai pas cher.

---

[1] *La carre*, le coin.
[2] *Mammy*, grand-mère.
[3] *Fioler*, pleurer.
[4] *Schlitte*, traîneau. (Mot allemand.)

— Merci. Vous n'avez jamais pensé à vous faire soldat ?

— Jamais. — Je ne suis pas sur les papiers des mairies, moi, je n'ai pas été déclaré. — Je suis né *à la carre* du bois de Vische, à ce que m'a dit ma mère, qui était en condition chez les anabaptistes de Salm. Si j'avais été conscrit, je m'*aurais* coupé un doigt pour ne pas partir ; car, dans l'armée comme ici, c'est toujours la même chose, les pauvres gens sont mangés par les riches. Mais, dites donc, monsieur, je n'ai plus de tabac, voulez-vous me donner de quoi en acheter *une cauille*[1].

Maurice jeta quelque monnaie au misérable et continua son chemin. L'autre lui cria :

— Ma foi, vous êtes un bon garçon, vous ; vous n'êtes pas de la *contrée-ci*, car ils sont *tortous* chiches comme des rats. *Venan* voir le *Hardier*[2], il vous fera tirer un coq de bruyères.

Maurice reconnut sans peine le bois que lui avait

---

[1] Une *cauille, coye*, un morceau ; corruption d'écaille.
[2] *Hardier*, — berger.

indiqué le père Schmidt et le gagna, trébuchant maintes fois dans les roches couvertes par les genêts et les bruyères de la chaume. La lande dévastée qu'il avait à sa droite, avec ses ondulations de collines clair semées de hêtres rabougris et couchés par le vent, contrastait avec la vie puissante des forêts voisines. Aussi, après un quart d'heure de marche, le touriste rentra-t-il avec plaisir sous les sapins, entre les branches desquels il aperçut, au bas d'une côte rapide, les eaux sombres du lac de la Meix.

C'est un étang rond, de quatre ou cinq hectares de superficie. Il est creusé sur un plateau, au milieu de la hauteur d'une montagne escarpée. Dominées d'un côté par le versant qui y tombe à pic; ses eaux ont une grande profondeur ; l'autre rive s'adoucit et vient mourir à une crête par-dessus laquelle le trop plein du lac se déverse dans la vallée voisine. Les forêts entourent la Meix de toutes parts, et l'ombre des sapins donne aux eaux une teinte presque noire.

Maurice, placé sur les ruines de la chapelle signalée par le père Schmidt, regretta d'avoir laissé à celui-ci, avec son sac, l'album de voyage qu'il aurait pu enrichir de ce site romantique. Il comprit, au caractère particulier de ce paysage, son effet sur l'imagination superstitieuse des paysans. — L'histoire du curé officiant sur le lac, lui laissait bien quelque obscurité dans l'esprit, malgré la multitude de témoignages offerts par le vieux paysan.

Le touriste y réfléchissait en faisant le tour du lac par un petit sentier tracé sur ses bords ; mais s'il avait des doutes coupables, il en fut bientôt puni.

Arrivé à un point où le chemin passe sur un rocher à pic au-dessus de l'eau, il aperçut un plant de bruyères blanches, et se pencha pour le cueillir. Le sol était humide et le pied de Maurice glissa. La bruyère à laquelle il chercha à se cramponner se détacha de la roche avec une large plaque de mousse, et le voyageur tomba dans le lac qui est très-profond de ce côté.

II

Il est certain qu'un bain froid est, par les chaleurs de l'été, un délassement fort agréable. On en sort avec un sentiment de bien-être général, le corps frais, l'esprit reposé, et l'on apporte au dîner un excellent appétit.

Mais ce plaisir veut, pour avoir tout son charme, ne pas être le résultat d'une culbute. Quelques minutes avant son accident, Maurice pensait à ne pas quitter le lac sans s'y être baigné. Dès qu'il se vit dans l'eau, bien qu'elle ne fût pas trop froide, il ne réfléchit pas que ses vêtements n'en seraient ni plus ni moins mouillés pour y avoir passé un quart d'heure ou une minute. Il regagna la rive la plus proche, en s'écartant avec soin de certains nénufars qui caressaient ses jambes avec trop d'affection. Les nénufars sont les bras des nymphes noyeuses de la légende allemande. Ils saisissent le nageur et ne le lâchent plus.

Le bâton du touriste resta seul au fond de l'eau, entraîné par le fer qui armait sa pointe. Maurice, voyageur vulgaire, regretta peu cette perte ; un touriste anglais eût fait vider le lac avant d'y abandonner un *Alpenstock* illustré du nom de vingt montagnes.

Maurice, revenu sur le bord, secoua ses vêtements mouillés, et après avoir jeté autour de lui un regard circulaire, se mit en devoir de les étendre au soleil pour les faire sécher, assuré d'être seul et de n'offenser la pudeur d'aucune naïade. Mais au moment où il commençait cette opération, le blond Phœbus fut assez peu gracieux pour se cacher derrière un nuage qui couvrait la moitié du ciel.

Maurice fouilla à grand'peine dans ses poches,

pour retrouver ses allumettes ; mais l'eau les avait gagnées, et les lui rendait inutiles. Il pensa bien à allumer du feu comme les sauvages de l'Océanie, en frottant deux morceaux de bois l'un contre l'autre; mais il réfléchit à propos que ses habits seraient secs sur son corps avant qu'il parvînt à obtenir une étincelle.

Pendant qu'il creusait les difficultés de sa position, il entendit dans le bas de la forêt des coups secs frappés sur la pierre, et se décida à descendre vers l'ouvrier qui faisait ce bruit, pour avoir de lui les moyens d'allumer du feu ou se faire conduire à la maison la plus voisine.

Il se mit donc en marche, vêtu seulement de sa chemise et de son pantalon, car ses autres vêtements, chargés d'eau, lui étaient devenus une gêne. Les forêts de sapins sont froides en tout temps, et notre voyageur grelottait malgré la rapidité de sa marche.

Il eut d'autant mieux le loisir de pester, que son homme était assez éloigné, et qu'il descendit un quart d'heure avant de l'apercevoir. Mais, comme il approchait, des bouffées de fumée résineuse, chassées par le vent sous les sapins, vinrent lui prouver qu'il trouverait le feu tout fait, ce qui lui causa un grand plaisir.

Le touriste arriva enfin à une clairière dans un coin de laquelle fumait un tas de braise.

Tout auprès, un ouvrier s'escrimait après un gros bloc de grès qu'il séparait d'un banc à fleur du sol au moyen de coins de fer aciérés. Il n'entendit Maurice, dont les pas faisaient craquer les branches mortes, que quand celui-ci fut près de lui. Alors seulement, il leva la tête et parut si étonné du costume du nouveau venu, qu'il laissa échapper sa masse.

— Eh! sainte Vierge, monsieur, d'où sortez-vous fait comme cela? Seriez-vous tombé dans l'étang de la Meix?

— Précisément, répondit Maurice. Votre eau est fraîche; votre soleil se cache quand on a besoin de lui; et je viens, si vous le permettez, me sécher à votre feu.

— Alors, monsieur, allons au plus pressé.

L'ouvrier, tout en parlant, ramassait à la hâte les branches sèches qui jonchaient la bruyère, puis les jetant sur les braises, il souffla avec force et eut bientôt fait flamber un feu clair qui pétilla vivement.

— Là, voilà ; maintenant, ôtez vos habits et chauffez-vous, car vous êtes tout pâle et vos dents claquent. Tenez, voilà mon pantalon, que vous mettrez en attendant : je garderai un caleçon que j'ai dessous. Prenez aussi mon gilet, je n'en ai pas besoin, car ce grès est joliment dur et j'ai chaud de reste. Chauffez-vous seulement et laissez-moi faire.

Malgré ses protestations, Maurice fut, en un tour de main, affublé du pantalon et du gilet de l'ouvrier, tandis que celui-ci tordait les vêtements de toile, les étendait devant le feu sur des branches disposées à la hâte, bourrait de feuilles les souliers du touriste pour qu'ils ne pussent se racornir à la chaleur, tout en disant :

— Il faudrait pourtant voir à réchauffer l'intérieur, car vous grelottez encore. J'ai là sous la braise des pommes de terre brûlantes ; prenez-en quelques-unes. Je sais bien qu'un peu de vin vous vaudrait mieux ; mais je n'en apporte pas au bois. La paroisse d'Hermont est pauvre, et, avant le superflu, il faut penser au nécessaire.

Maurice, remis par la chaleur, remercia son obligeant compagnon qui, assis près de lui, veillait aux habits et aux pommes de terre. Il y avait dans les soins qu'il donnait au jeune voyageur, une bonté affable et tout à fait exempte de l'obséquiosité ordinaire aux paysans. Maurice l'observait à la dérobée.

C'était un homme de cinquante ans environ, chauve, et dont la barbe rasée de quelques jours, était presque grise, mais vigoureux et montrant le teint reposé des gens qui vivent sans excès. Sa figure, au front bas et aux pommettes saillantes, respirait une force persistante peu commune. De grosses lèvres et des yeux d'une douceur remarquable servaient de correctif à ces caractères de l'obstination. De larges mains calleuses figuraient au bout de manches de chemise fermées au poignet, contre l'usage des ouvriers qui travaillent presque toujours les bras nus. Son costume, très-réduit par les prêts que Maurice avait été contraint d'accepter, se composait d'une chemise de toile des plis de laquelle sortaient quelques médailles d'argent et de cuivre, d'un caleçon de cretonne, de bas noirs et de souliers ferrés; le tout, comme le pantalon et le gilet de velours brun que portait Maurice, d'une propreté parfaite.

Pendant que le naufragé examinait son sauveur, celui-ci lui rendait la pareille; et la figure franche et décidée du touriste semblait lui produire une impression favorable.—Mais son front se rembrunissait de temps à autre sous l'influence d'une pensée pénible.

— Vous m'excuserez, monsieur, dit-il enfin en se levant, si je vous fais une question.—Vous avez sans doute lu Télémaque; mais je ne sais si vous avez été frappé, comme je l'ai été dans mon enfance, de la curiosité de Calypso, qui l'interroge pendant une heure au moment où il sort de la mer, avant de l'envoyer changer de linge. Je pense qu'il faut attribuer cette conduite à la religion de la déesse, qui ne lui commandait pas l'amour de la santé de ses frères. Mais vous voilà maintenant réchauffé; vos habits sont presque secs, j'ai donc rempli mon devoir, et serais heureux d'apprendre comment vous êtes tombé dans le lac et comment vous vous en êtes tiré ?

Maurice, fort surpris d'entendre un tailleur de

pierres des Vosges parler de Calypso, raconta sa mésaventure. Sur quoi, son compagnon parut soulagé, fit un geste qui ressemblait à un signe de croix, et reprit :

— J'ai eu le tort de soupçonner injustement quelqu'un. Il faut vous dire, monsieur, que nous avons dans la paroisse un mauvais drôle de qui je croirais volontiers beaucoup de mal, bien que je sois peu disposé à juger sévèrement le prochain. Mais, grâce à Dieu, c'est moi qui ai tous les torts.

— Vous voulez peut-être parler du Hardier ? dit Maurice, qui se souvint du braconnier.

— Oui, monsieur, vous l'avez sans doute vu là-haut, car j'ai entendu un coup de fusil, il n'y a pas une heure. Mais c'est un vilain oiseau que celui qui salit son nid, dit-on dans nos villages, et j'ai eu une mauvaise pensée que je n'aurais pas dû vous laisser voir. Maintenant, monsieur, vos habits sont secs ; j'ai besoin de descendre à Hermont, et comme vous m'avez dit que vous y alliez, je vais vous conduire. Je vous offrirai un verre de vin, qui achèvera de vous remettre.

Maurice accepta, en remerciant le brave ouvrier

et, après lui avoir rendu ses vêtements, il rentra dans son costume tout chaud encore. Mais il ne fut pas peu surpris, quand il vit son compagnon, ayant serré ses outils dans un sac de toile, décrocher d'un arbre voisin divers objets qu'il n'avait pas remarqués, et reparaître vêtu d'une soutane et coiffé d'un chapeau noir à larges bords.

— Bah! monsieur, dit le prêtre, croyant une réponse nécessaire à la question muette que posait la figure du voyageur ; je pensais que vous aviez vu ma soutane. Je suis le curé d'Hermont.

Un instant après, Maurice et le curé descendaient ensemble un *vouton*, ou chemin de *schlittes* pavé de *rondins* à demi enfouis dans le sol et polis par le frottement.—Sur ces voies rapides et tortueuses, le moindre faux pas peut coûter la vie au *schlitteur*, qui, assis à l'avant du traîneau, modère la descente de la charge, bûches ou pierres, en s'arc-boutant des deux jambes sur chaque marche de l'immense escalier. S'il glisse et perd pied, la schlitte s'emporte et l'écrase au premier détour contre les sapins; aussi les croix noires sont-elles communes au bord des chemins de ce genre.

—Vous pouvez remercier Dieu, disait le curé à son compagnon, d'avoir échappé au lac comme vous l'avez fait. Un de nos paysans y serait certainement resté. D'abord les gens de ce pays sont mauvais nageurs; puis l'étang de la Meix, isolé dans la montagne, est le sujet d'une foule de croyances supersticieuses. Si un villageois y tombait par accident, il s'y croirait attiré par les maudits qui dansent au fond du lac, et les plantes aquatiques, communes dans ces eaux mortes, auraient vite raison d'un homme qui perdrait la tête. Vous devez un cierge à votre patron.

—Je vous avouerai, M. le curé, répondit Maurice, qu'au moment où j'ai glissé, sur le sentier, j'avais des idées qui ne devaient pas beaucoup lui plaire, à mon patron. — Le père Schmidt, le sagard des Fossés, m'avait conté la tradition du lac : il y avait ajouté le récit d'un prodige dont il a été le témoin et j'étais fort incrédule.

— Mon Dieu, monsieur, on peut être bon chrétien et ne pas croire aux traditions de ce pays. — Je vous dirai que je ne les prends pas non plus pour articles de foi. Je pense que si Dieu faisait encore des miracles, il les ferait dans des pays que je sais bien et où ils seraient plus utiles qu'ici. Je combats les superstitions ordinaires de mes paroissiens, celles qui ont rapport aux *sotrés*, comme ils appellent ici les lutins, et aux sorcières, parce qu'elles sont souvent dangereuses ; mais j'ai une certaine indulgence pour les traditions aussi innocentes que celles de la Meix. — Vous savez combien la vie dans un pays de montagnes et de forêts dispose l'homme ignorant aux idées superstitieuses. Notre religion, toute féconde qu'elle soit en miracles, ne suffit pas au besoin de merveilleux qui tourmente nos paysans. Il faut qu'ils habillent de leurs croyances les lieux qu'ils voient chaque jour et donnent, pour ainsi dire, une âme aux scènes qui les frappent le plus. Si vous autres, habitants des villes, souriez, comme je l'ai fait d'abord, à ces traditions naïves, les gens qui ont vécu longtemps au milieu de nos Vosgiens les comprennent, car elles sont presqu'un produit naturel du sol. — Et puis, elles sont bien innocentes. Au lieu de nous nuire dans notre ministère, elles nous aident. — Mais quelquefois, elles vont un peu loin. Ainsi, vous, monsieur, qui venez de tomber dans l'étang de la Meix, allez raconter votre histoire à quelques-uns de mes paroissiens. Ils vous riront au nez. Ils sont convaincus que le lac garde ce qu'il tient, et ne voudront pas croire que vous en soyez sorti naturellement. — Il est vrai que cette absurdité ne fait de mal à personne et a même le bon côté d'inspirer aux plus crédules une prudence salutaire.

— Je suis tout à fait de votre avis, monsieur le curé, répondit Maurice, et vous remercie de m'avoir donné cette petite leçon. Mais permettez-moi maintenant de vous adresser une question que j'ai sur les lèvres depuis dix minutes.

— Volontiers.

— Eh bien, pourquoi faites-vous le métier de carrier, et à quoi sont destinées les pierres que vous cassiez là-haut ?

— Ah ! cela, répondit le curé en souriant, c'est toute une histoire. Mais nous voici hors du bois, et, si je ne me trompe, c'est notre ami le docteur Lebel qui vient à nous.

—Eh! curé, criait de loin le docteur, petit homme sec et vif, tout habillé de drap bleu, et coiffé d'un chapeau de paille, arrivez vite. J'ai de la besogne pour vous; mais, cette fois-ci, ce n'est pas de ma faute.

Le curé fit avec Maurice la moitié du chemin qui les séparait du nouveau venu; celui-ci salua le touriste en le regardant avec curiosité et continua.

— Je sors de chez *Coliche*[1], le fermier du Haut-Feys, vous savez, celui qui vient d'avoir une rechute de fluxion de poitrine. Je n'espérais guère le sauver; mais je croyais qu'il en avait encore bien pour un mois. Hier, sa femme, ne s'avise-t-elle pas de lui faire avaler une demi-livre de lard et une bouteille de vin, sous prétexte qu'il avait les jambes faibles :
— Une de leurs idées de village. C'est peut-être le centième malade qu'on me tue de cette façon. — Mais dites-leur de se nourrir d'une façon plus convenable quand ils sont bien portants, bernique,

---

[1] *Coliche*, familier, pour Nicolas.

nos gens n'y sont plus. — Bref, mon malade est au plus mal et je crains fort qu'il ne passe pas la nuit. Il vous demande, et je vous avais envoyé chercher au bois par un gamin, pensant bien vous recouper ici, si vous étiez descendu avant son arrivée. Allez au Haut-Feys : moi je retourne à Hermont, où j'ai encore deux malades à voir.

— Dans ce cas, dit le curé, conduisez-y monsieur, qui a déjà assez marché pour que je n'allonge pas son chemin d'une lieue. Monsieur sort de prendre un bain dans l'étang de la Meix, un peu malgré lui, je crois. Il couchera à Hermont. Venez souper ce soir avec moi, docteur ; vous connaissez l'ordinaire : on y ajoutera une bouteille de vin, si Victor en trouve de passable. — Je compte sur vous, monsieur, si le modeste repas d'un curé de campagne ne vous fait pas peur. — Au revoir ! je vais à mon malade..... Ah! docteur, j'oubliais : Monsieur me demandait tout à l'heure pourquoi je casse des pierres en forêt ; expliquez-lui cela chemin faisant.

Le curé serra la main au touriste et s'éloigna d'un pas rapide.

— Bien, bien ! fit le docteur, resté seul avec Maurice. Vous êtes tombé dans le lac, monsieur, et comment cela, s'il vous plaît? Vous êtes étranger au pays?

Maurice recommença l'histoire de sa chute en remontant un peu plus haut, pour satisfaire à la deuxième question du docteur, qui reprit :

— Vous ne vous trouvez pas mal à l'aise? Il me semble que vous êtes pâle? Y avait-il longtemps que vous n'aviez mangé?

— Environ une heure et demie, monsieur ; mais je suis bien réchauffé, maintenant.

— Donnez-moi votre pouls. Hum! hum! vous avez un peu de fièvre ; mais c'est peut-être l'émotion de la chute. Vous ne sentez pas de frissons?

— Non, docteur.

— Allons, j'espère que cela ne sera rien ; mais marchons d'un bon pas : cela fouette le sang, et si vous avez été refroidi, cela ne peut que vous faire du bien.

Maurice obéit à l'ordonnance de son compagnon, et tous deux reprirent d'un bon pas leur marche vers le village dont on apercevait les premières maisons au milieu des vergers. Après un instant de silence, le médecin reprit la parole :

— Ainsi, monsieur, vous avez trouvé notre brave curé à la carrière?

— Oui, monsieur; je l'ai pris longtemps pour un ouvrier et j'ai encore à m'excuser auprès de lui de la façon un peu familière dont j'ai pu le traiter.

— Bast! il ne pense guère à vous en vouloir. — Mais vous lui demandiez pourquoi il casse des pierres dans la forêt? C'est pour son église, et c'est l'histoire de cette église qu'il faut que je vous conte. Je suis sûr qu'il a été heureux de me la mettre sur le dos, car il n'aime pas à être en scène, et il y est fort dans cette affaire. La voici, et celle du curé avec; tant pis pour lui si je suis obligé d'en dire du bien.

La commune d'Hermont, que vous voyez à vos pieds, est habitée par une population d'environ quatre cents personnes, schlitteurs, bûcherons, *marnageurs* [1], charbonniers, *flotteurs*, tous assez pauvres diables, et ne possédant pas un sou vaillant. Les fo-

---

1 *Marnageurs*, charpentiers de forêt.

rêts que vous avez sous les yeux appartiennent à l'État, et c'est la partie la plus riche du sol; le fond de la vallée, propriété des particuliers d'Hermont, est étroit, et les terres des versants ne valent pas bien cher.

Quand le curé Mangin, que vous venez de voir, arriva à Hermont il y a une trentaine d'années, succédant à un vieux prêtre mort presque imbécile, il trouva l'église et le presbytère en assez piètre état. Le vieux curé nourrissait des poules dans sa chambre à coucher, il se gardait bien de remplacer à sa toiture un *essi*[1] emporté par le vent, et vivait au milieu des ordures et des gouttières, sans y prendre garde le moins du monde. S'il s'occupait peu de son propre confortable, celui de ses ouailles ne le tracassait guère plus ; et, dans l'église du village, masure en fort mauvais état quand il la prit, il laissait, sans songer à les contrarier, les éléments faire chaque jour leur petite œuvre destructive.

La population augmentait pourtant, car bien que

---

[1] *Essi*, planchette de sapin en forme d'ardoise; corrompu, pour *essaim*.

nos paysans, nourris de pomme de terre, ne soient pas très-vigoureux, ils ont des familles qui, pour la quantité, ne le cèdent en rien à celles de leurs voisins d'Alsace. Le dimanche les hommes et les femmes, étouffés entre les murs lézardés de l'église, ne faisaient pas la moitié de ceux qui restaient sur la place et dans le cimetière, au vent et à la neige en hiver, au soleil en été. Il faut vous dire que c'est assez l'habitude des hommes de rester dehors et de fumer leur pipe pendant l'office; — mais il n'y avait même pas assez de place pour le sexe le plus pieux. — Lorsque le curé Mangin voulut dire sa première messe, il trouva les ornements de l'église réduits à une chasuble violette avec une croix blanche, fort sale et mangée des rats. Ceux-ci avaient cependant trouvé le plat trop mauvais pour l'achever. Le vieux curé se servait indifféremment de cet oripeau pour baptiser, marier, enterrer, ou bénir ses paroissiens.

Cependant, le budget de la commune, était absorbé par les deux cents francs qu'elle donnait à son instituteur, et les deux cent cinquante francs de son garde champêtre. Les ressources de l'église se réduisaient à cinquante ou soixante quêtes ou offrandes, produisant un franc en moyenne, plus le prix des messes que les âmes pieuses faisaient dire au curé, messes à bas prix, comme vous pouvez le croire. — C'était une création à faire, tout avec rien, ou du moins sans aucun des moyens qu'on emploie ailleurs.

Si vous avez remarqué, monsieur, la structure physique du curé Mangin, vous avez pu voir qu'il a les épaules voûtées et les traits du paysan. Il est fils de laboureur et a mené la charrue avant d'aller au séminaire. Il a gardé de son ancien métier la longue patience et l'âpre ténacité de l'espèce.

Dès le premier jour qu'il fut ici, il songea à construire une église neuve et ne quitta pas cette pensée depuis, mais il lui fallut longtemps avant d'en voir l'exécution possible. Les seuls moyens d'action qu'il eût, à défaut d'argent, étaient la bonne volonté et les bras de ses paroissiens. Ceux-ci, habitués à l'ancien état de choses, en souffraient peu, et, du reste, n'avaient pas des sentiments religieux assez vifs pour que le besoin de les satisfaire leur fît ajouter à leur ordinaire de travail. Si le vieux curé entretenait peu les bâtiments, il ne croyait pas plus utile d'entretenir les âmes, et pensait qu'une messe par semaine était suffisante pour les maintenir dans la voie du salut. Il voyait ses ouailles venir régulièrement à l'église tous les dimanches par habitude et cela le rassurait sur leur état moral.

Il se passait alors à Hermont, comme il s'en passe encore dans quelques-uns de nos villages de la montagne, des scènes dénotant une telle barbarie, qu'il faut les avoir vues pour y croire. Cela au milieu d'une population notée très-religieuse sur la carte de France, mais plutôt, selon moi, endormie, agissant par habitude, sans répulsion forte pour le mal, comme sans grand amour pour le bien. — Il fallait voir, à cette époque, une noce à Hermont. — Le marié et la mariée étaient escortés par cinq, six, huit, dix couples de jeunes gens de leur âge; mais la bénédiction que le curé donnait aux époux servait à peu près pour tous en ne liant que ceux-ci, au su de chacun, et sans qu'on s'en scandalisât trop fort. — Il est vrai que cela finissait en général par des mariages ; mais une fille d'honneur à votre bras pour un jour de noces était une maîtresse pour la nuit; et s'il y avait des exceptions, elles étaient rares. Ces scènes se passaient avec des détails que je n'oserais vous donner ; vous ne voudriez pas y croire. Je ne vous parlerai ni de l'ignorance, ni de l'ivrognerie de chacun ; un seul trait de mœurs vous donne une idée du reste. C'était le bon vieux temps comme on est convenu de l'appeler. — Mais on allait exactement à la messe, et l'on communiait avec une parfaite régularité.

Il fallut longtemps au curé Mangin pour prendre le dessus. — Je ne vous dirai pas par quelles phases il passa, ni quels obstacles il rencontra. Il fut sans doute fort aidé par le progrès des idées dans nos campagnes et les développements donnés à l'instruction primaire.

Il y a quatre ans, il se crut assez maître du terrain pour commencer son œuvre, sûr d'être secondé par la population. Une pluie épouvantable, qui tomba le jour de Pâques, et arrosa tous les assistants extérieurs à l'église, lui parut le sujet d'un bon exorde *ex abrupto*, et il en profita. — Comme il s'était fait aimer de tous, le désir de plaire au curé détermina ceux que l'amour de la religion n'aurait pas amenés à remuer leurs bras, et il y en avait beaucoup — Le maire obtint pour les bois de charpente un *devis* de l'administration forestière, et l'État donna un secours d'argent.

Chaque dimanche, tout le village se fit charpentier, maçon, tailleur de pierres, conducteur de *charrois*. — Ceux qui ne savaient pas de métier en apprirent un pour la circonstance : l'instituteur devint sculpteur en pierres, et le sacristain plombier. — Cependant, les femmes et les enfants cherchaient à la rivière le sable à mortier ou taillaient les *essis* de la toiture.

Pendant les premiers mois, le curé se borna au rôle de surveillant et d'inspecteur des travaux ; il n'avait pour guide que le plan d'une église voisine, qu'il copiait dans d'autres dimensions. — Mais un jour que son maître maçon manquait à l'appel, le brave homme, fatigué de voir un paysan apprenti massacrer un beau morceau de grès dont la taille était pressée, lui arracha des mains le maillet et le ciseau, et se mit à lui montrer la façon de s'y prendre. Ce jour-là, il se reconnut assez bon tailleur de pierres. Plus tard, il s'aperçut qu'il maniait également bien la hache du charpentier et la truelle du maçon. — Aussi se fit-il franchement ouvrier, et comme, pendant la semaine, il a plus de temps libre que ses paroissiens, il va à la forêt préparer les pierres que les schlitteurs transportent au village le dimanche. — La moitié des matériaux lui a passé par les mains, depuis quatre ans que va la besogne. — Tenez, monsieur, vous voyez maintenant l'église, derrière ces arbres.

Maurice vit en effet une jolie construction gothique, placée au bout du village. Les nervures rouges des grandes fenêtres à ogives, ressortaient de la maçonnerie blanche, le portail était arrêté aux naissances de la voûte, la tour s'élevait à peine à quatre mètres du sol. On avait été au plus pressé, la construction de la nef. Le toit, à moitié couvert, découpait sur le fond noir des montagnes sa carcasse de charpente. Un bouquet de marronniers entourait le chœur et ombrageait le nouveau cimetière.

— C'est charmant, dit Maurice.

— Le curé serait ravi de vous entendre, reprit le docteur. Ah! lui est heureux, il travaillait sur les âmes et il a réussi. Dieu sait quand je pourrai réussir, moi qui travaille sur les corps?

— Que voulez-vous dire, docteur? demanda Maurice.

— Ma foi, monsieur, c'est vous qui aurez voulu me faire causer. — Nous vivons ici dans une véritable Irlande. Nos paysans se nourrissent presque exclusivement de pommes de terre et de lait caillé. Les trois quarts des habitants de cette vallée ne mangent de viande qu'une fois par an, le jour de la fête paroissiale. On consomme très-peu de pain, et le lard des nombreux porcs que vous verrez chez les habitants se vend plutôt dans la plaine que dans la montagne. Je suis sans cesse à me demander comment des hommes nourris d'une aussi pauvre façon peuvent supporter les rudes travaux qui les font vivre. Il faut que la faculté de digestion donnée aux organes par la pureté de notre air soit illimitée. Si nos travailleurs étaient nourris comme leurs frères des villes, avec une oxygénation du sang aussi puissante que celle qu'ils ont ici, ce serait une race ouvrière sans rivale en France. Eh bien! monsieur, ceci, pour répondre à votre question; je travaille depuis dix ans à les convaincre qu'ils sont des ânes, et ne comprennent rien à leurs intérêts en se nourrissant comme ils le font.

— En avez-vous converti beaucoup? demanda Maurice.

— Pas un seul, et c'est ce qui me fait endiabler. — Monsieur, j'en ai pris trois ou quatre que j'ai nourris pendant un certain temps à mes frais. C'était mon enseigne ; je voulais faire apprécier aux autres les résultats d'une alimentation logique. Je les ai rationnés suivant les principes de la science. Au lieu de consommer trois kilogrammes de pommes de terre et deux litres de lait par jour, ils buvaient trois quarts de litre de vin, mangeaient un kilogramme de bon pain, deux cents à trois cents grammes de viande de bœuf, avec quelques légumes — mêlés de pommes de terre, parce qu'ils y tenaient absolument. Au bout de quinze jours, il y avait une différence du tout au tout. Mes gaillards engraissaient : ils auraient produit un bon tiers de travail de plus ; ils n'avaient plus l'intérieur vide ; car, comme ils disent, la pomme de terre ne tient pas à l'estomac. Croiriez-vous, monsieur, qu'au bout d'un mois je n'en avais plus un seul! Le *hoch* [1] et le *maton* [2] leur manquaient, ils préféraient y revenir en les payant. — Il y aurait eu pourtant économie positive pour eux, le jour où ils auraient adopté mon système. Si la nourriture coûtait une fois et demi plus cher, le travail pouvait se doubler, et, par dessus le marché, ils gagnaient une santé meilleure. Mais ç'a été absolument comme si je chantais. — Peut-être le développement de l'estomac et des intestins qu'amène cette masse énorme de substances indigestes rend-elle pénible le retour à une nourriture moins volumineuse. J'étudierai cette question, et je me propose d'essayer un régime gradué.

— Votre œuvre sera plus longue que celle du curé.

— Je le sais pardieu bien. Si je n'avais pas assez de bon sens pour reconnaître que l'importation de la pomme de terre a beaucoup aidé à peupler ces pays, en permettant la culture de terrains trop

---

[1] *Hoch*, pommes de terre bouillies à l'eau.
[2] *Maton*, lait caillé.

pauvres pour le blé, si je ne voyais qu'après tout ce tubercule a rendu un service à l'humanité en suppléant aux céréales dans les années mauvaises; je voterais pour qu'on jetât au feu jusqu'à la dernière.

— Prenez une race un peu lymphatique, vivant dans un pays où la culture est difficile; et vous reconnaîtrez que le plus grand malheur qui puisse lui advenir est celui d'avoir à très-bon marché une nourriture à peu près suffisante. Les hommes s'engourdissent, ils travaillent mollement, assurés de vivre.

— La pomme de terre se plante facilement et sans soins, se récolte de même, se conserve en toutes saisons et à peu près partout, sans aucune de ces précautions qui tiennent éveillée la prévoyance de l'homme. La race qui s'en nourrit devient volontiers paresseuse et insouciante. Un de nos ouvriers produit peu, il n'a pas beaucoup de forces parce qu'il est nourri d'une substance pauvre en principes nutritifs. Proposez-lui d'améliorer son salaire à condition qu'il fera un peu plus, il vous répondra tout simplement: « Pourquoi *m'échiner?* j'aurai toujours de quoi acheter des pommes de terre. » Et si elles sont à bon marché et qu'il ait quelque argent de reste, il va boire et ne mange pas mieux. C'est vraiment déplorable !

Le docteur, essoufflé, s'arrêta un instant dans sa philippique, reprit haleine et continua :

— Et non-seulement cette nourriture absurde affaiblit le corps, mais elle débilite l'esprit. Dis-moi ce que tu manges, je te dirai qui tu es. Nos paysans sont d'une douceur ovine, d'un calme plat qui me peine. Pas de sentiments violents pour le mal ni pour le bien [1]. Ils sont affaiblis, ils ont de la fécule dans le sang. Mais les Vosgiens nourris comme leurs voisins de la plaine sont plus vifs, plus intelligents que ceux-ci ; ils ont plus d'initiative et d'imagination ; il devrait en être de même de tous. L'esprit d'un peuple se reflète dans ses superstitions, dans ses croyances. Celles d'ici sont en papier mâché. Qu'est-ce que c'est, je vous le demande, que des légendes comme celles de la Meix, qu'on vous a racontée là-haut, m'avez-vous dit ? Est-ce

---

[1] Le docteur juge sévèrement les Vosgiens. — Nous soupçonnons cet innovateur méconnu de leur avoir gardé quelque rancune.

(*Note de l'auteur.*)

pâle, est-ce exsangue! est-ce digne d'un peuple de moutons! Donnez-moi à ces gaillards-là de la viande et du vin; ils ont déjà de bonnes eaux, un bon pays et de *la bonne air*, comme ils disent, — alors, ils vous auront de bonnes traditions épicées et croustillantes, comme celles des Gascons, ou de bonnes légendes chevaleresques et pourfendeuses comme celles des bords du Rhin. Enfin, il y aura de la vigueur et du sang. — Qu'en pensez-vous, monsieur?

Si bien lancé que soit un bavard (et le docteur qui l'était passablement avait enfourché son dada), il a besoin d'être remonté de temps à autre. Quelques oui ou non, placés avec discernement, suffisent en général pour le faire aller d'une manière indéfinie.

Mais Maurice n'écoutait plus son interlocuteur. Il sentait, depuis quelques minutes, des frissons agiter ses membres, — et marchait comme un homme ivre.

Le docteur, ne recevant pas de réponse, regarda son compagnon et fut frappé du désordre de ses traits.

— Diable! fit-il, voilà ce que je craignais tout à

l'heure. Du courage, jeune homme, du courage, nous arrivons.

En passant devant une scierie, à l'entrée d'Hermont, le docteur appela du nom de Jacques un grand garçon d'apparence douce et calme. Tous deux soutinrent le malade jusqu'au perron d'une auberge à volets verts, portant l'enseigne du « Rendez-vous des Flotteurs. » La porte fut ouverte par une jeune fille, brune aux yeux bleus, et d'une charmante figure.

— Nous t'amenons un malade, Marguerite, dit le docteur; mais j'espère que son état n'est pas dangereux. Donne-nous bien vite un bon lit et ta meilleure chambre.

Maurice fut en un instant déshabillé et couché dans un lit d'une blancheur parfaite. Le docteur mit sur lui une de ces épaisses couvertures que les Vosgiens nomment *plumons*. Puis il le saigna. Alors, malgré son état, le malade se souvint de ses bagages laissés au père Schmidt et fit partir Jacques pour Prayé.

Bientôt après, sa tête devint brûlante. Il se vit dans l'étang de la Meix, changé en carpe et barbottant dans la vase. Le braconnier au long fusil, muni d'une ligne énorme, et assis sur les ruines de la chapelle, cherchait à le faire mordre à un hameçon vers lequel il se sentait entraîné par une force irrésistible.

Puis, dans un moment plus lucide, il vit le docteur et le curé avec la jolie fille, et un gros homme au nez rouge. Tous le regardaient avec une expression de pitié, et le docteur disait :

— Ce n'est rien que cela, c'est une fluxion de poitrine.

III

Maurice Ambert était un jeune homme de vingt-huit ans, dont la figure franche et expressive attirait tout d'abord la sympathie. Il était Parisien, et vivait depuis deux ans à Strasbourg où il exerçait la profession d'architecte.

Maurice était devenu orphelin de bonne heure. Son histoire avait été cette histoire commune à tant de jeunes gens, histoire que chacun sait par cœur et qui n'a pas besoin d'une mauvaise édition de plus.

Ses parents lui laissaient une fortune assez ronde. Maurice, qui dès son enfance avait montré des dispositions aux beaux-arts, avait été élevé pour la peinture. Noble travail, mais fait pour peu d'hommes. L'imagination y est seule votre guide, et ceux-là sont rares qui possèdent une volonté assez ferme pour assujettir cette maîtresse capricieuse. — A défaut de génie, un travail assidu peut conduire au succès; mais notre ami eut trop tôt, dans la fortune de ses parents, une compagne qui lui fit négliger le chemin de l'atelier.

Maurice vécut deux ou trois ans de cette vie parisienne dont les actes les plus importants s'accomplissent sur le bitume du boulevard, de la rue de Richelieu à la rue de la Paix, de l'ancien au nouveau magasin de Tahan. Sous cette latitude restreinte, fleurissent les plus belles productions du sol français, le bon goût, la générosité, l'esprit parisien ; mais l'ennui, la satiété et la ruine y dressent aussi leurs buissons épineux. Il ne fallut pas longtemps à Maurice pour rencontrer ces derniers.

Les gens auxquels, tout entier au plaisir, il avait laissé l'administration de sa fortune, ne sentaient plus en lui, comme en son père, la main de l'homme qui a acquis et sait conserver. — Pendant qu'il s'abandonnait sur la pente douce de cette ruine tranquille et sans honneur des gens qui, chaque année, dépassent leurs revenus, un accident lui arriva, qui eut peut-être d'heureuses conséquences. Un banquier détenteur d'une partie de ses fonds fit faillite. Le coup était fort; Maurice commença à se réveiller.

Quelques jours après ce malheur, notre ami sortait d'un repas où il s'était réuni à quelques-uns de ses camarades de collège et d'école. C'étaient de bons jeunes gens bien engagés dans la vie et destinés à un avenir modeste, mais assuré et honorable. — On avait évoqué au champagne les gais souvenirs d'enfance et de jeunesse. Tous les convives s'étaient divertis en gens habitués au travail. — Seul, Maurice avait senti un malaise qu'il n'avait pu vaincre et qui lui avait attiré maints quolibets sur sa figure sérieuse.

Rentré chez lui, l'artiste fit le bilan de sa position morale et matérielle. Si sa fortune était compromise, si la gaieté de la jeunesse l'avait abandonné,

Maurice se trouva assez de bon sens pour ne pas hésiter sur le chemin qu'il avait à prendre. Il confia le soin de ses intérêts à son oncle, homme expérimenté qui lui avait gardé une grande affection, et se chargea volontiers de cette tutelle officieuse. Puis il obtint du père d'un de ses amis, architecte à Strasbourg, une place dans ses bureaux. Ses études et ses goûts le rendaient propre à cette profession nouvelle. Il quitta donc Paris.

Le départ de Maurice ne fut pas plus remarqué parmi la noble population du boulevard que la mort d'un émigrant dans un village de chercheurs d'or. Dix arrivent pour un qu'on enterre. Ses meilleurs amis du café de Paris n'eurent pas le temps de le pleurer deux heures, car il partit le soir d'une première représentation qui absorba nécessairement l'attention générale.

Le nouvel architecte se mit de bon cœur au travail, et fut préservé des arrières-pensées et des regrets dès qu'il eût pris le pas régulier d'une besogne, qui, attachante et variée dans sa forme, se représentait chaque jour pendant le même temps. L'imagination de l'artiste et du flâneur eût volontiers repris parfois son ancien vagabondage; mais il flotte au-dessus de la vieille capitale de l'Alsace un nuage de fumée de tabac, assez épais pour apporter du calme au cerveau de tous ses habitants. Maurice en ressentit l'influence salutaire. — Il vécut ainsi deux ans, et acquit, dans son art, des connaissances sérieuses.

Mais, au commencement de 1852, Maurice perdit son patron, et n'eut plus de raisons pour rester à Strasbourg. Se sentant fatigué par un travail forcé de plusieurs mois, il voulut prendre quelque repos, et, d'après le conseil d'un de ses amis, il se mit en route pour parcourir à pied les Vosges pendant trois ou quatre semaines.

Pourquoi l'ami eut le mauvais goût d'envoyer Maurice dans des montagnes françaises, quand il avait à deux pas le grand-duché et M. Bénazet, c'est qu'en sa qualité de Vosgien, il trouvait que son pays ressemble infiniment à la Forêt-Noire. Et vraiment, sauf les auberges où vous êtes moins mangé des aubergistes, en l'étant autant des puces, sauf le patois, qui sonne d'une manière différente, bien qu'aussi inintelligible, sauf les routes plus cahoteuses, les montagnes de la rive gauche du Rhin sont tellement semblables à leurs sœurs jumelles de droite qu'il ne serait pas difficile de s'y méprendre. Il s'est rencontré des touristes qui préféraient le col de Bussang et la Schlucht au val d'Enfer, Longemer et Retournemer au Mummelsee, le Ballon de Saint-Maurice et le Donon au Blaun et au Kniebis, Saint-Odile, les Trois-Châteaux de Ribeauviller et le Kœnigsburg à Yburg et à Eberstein. Mais c'étaient des gens anti-fashionnables, dont la mode a fait justice en continuant de porter tous les voyageurs français sur la rive allemande, comme le bon sens indique assez que cela doit être.

Pour Maurice, il se réjouissait surtout d'être seul et libre en face de la nature, de ne pas entendre parler anglais, le soir, dans les auberges, et de ne pas rencontrer sur chaque montagne un cicerone muni d'un télescope comme l'astronome de la place Vendôme ou l'homme de la lanterne de Diogène. Pour goûter cette satisfaction, il se résignait à voir, pendant un mois, figurer chaque jour, matin et soir, sur sa table l'éternel menu des auberges vosgiennes : les œufs, la choucroute, le lard, les pommes de terre et la truite au vin. Mais son bain malencontreux dans l'étang de la Meix arrêta brusquement le cours de son excursion.

———

Quatre jours après, l'artiste était hors de danger, et le docteur lui promettait de le rendre libre au bout d'une semaine.

Notre ami resta donc encore quelque temps dans sa chambre. Le curé venait y passer les soirées et quelquefois le docteur. On causait de choses diverses ; mais l'église revenait souvent sur le tapis et c'était assez naturel ; car le curé arrivait avec sa soutane de travail jaunie par le plâtre et couverte de copeaux.

Cugny, l'aubergiste, vieux maître flotteur retiré pour rhumatismes, et menant de front avec le soin de son auberge les métiers de marchand de bois, de débitant de tabac et de mercier, apportait quelquefois auprès du lit du malade sa grosse figure rougie par le soleil et les verres de son vin qu'il buvait avec la pratique. Sa conversation, émaillée d'expressions patoises, égayait fréquemment la compagnie. Il avait au village le monopole des histoires plaisantes et lestes, que nul ne savait conter comme lui. Le patois lorrain, par la naïveté et la vigueur de ses expressions, se rapproche souvent du vieux français. Ces récits villageois ont une saveur spéciale. Une histoire patoise, traduite en langue correcte, perd la moitié de son charme.

On fumait déjà dans la chambre de Maurice. Le docteur, dès que la chose lui avait semblé prudente, avait tiré sa pipe ; le curé qui, comme beaucoup de prêtres de campagne, se permettait ce plaisir innocent, avait attendu un ou deux jours pour l'imiter. Quant à Cugny, sa pipe faisait, aussi bien que son nez, partie intégrante de sa figure, et le fourneau de cet instrument, plaqué sans cesse contre la joue gauche du vieux flotteur, s'y était insensiblement creusé une sorte de niche. Cugny se réveillait à deux heures du matin pour fumer une pipe, et recommençait à quatre heures en se levant.

Maurice, dès les premiers jours de sa maladie, avait reçu plus souvent encore, une quatrième personne dont la présence dans la chambre d'un jeune homme pourra paraître singulière à nos lecteurs citadins. C'était la jolie Marguerite, la petite-fille de son hôte. Mais à la campagne, nul n'a souci des délicates distinctions de la ville, et chacun s'emploie à ce qu'il peut le mieux faire. Cugny avait naturellement pensé que les jolies mains de *la petiote* étaient préférables, pour porter les tisanes du malade, à ses lourdes pattes calleuses, ou aux mains maladroites de *Caton*[1], la fille qui soignait chez lui les gros ouvrages du cabaret et de la basse-cour.

Marguerite, à dix-huit ans, était belle comme le sont rarement les Vosgiennes. Elle avait vécu depuis l'enfance chez son grand-père, aussi libre de corps dans les simples vêtements de la campagne, que d'esprit à l'école du village. — L'aisance relative de Cugny lui avait permis de dispenser sa petite-fille de ces rudes travaux des champs qui donnent aux femmes de quarante ans l'apparence de la vieillesse — Certes, le teint de Marguerite eût paru brûlé du

[1] *Caton*, familier pour Catherine.

soleil dans un salon parisien, mais un hâle léger sur des joues roses et veloutées ne faisait que mieux ressortir la fraîcheur de deux grands yeux bleus, doux, mais empreints d'une certaine malice. Il n'eût pas été difficile de trouver, chez des femmes habituées à la contrainte des chaussures et des corsets, un pied plus délicat, une taille plus svelte. Mais le sabotier du village faisait exprès pour Marguerite de petits sabots en bois noir et verni, de deux doigts moins longs et plus étroits que ses œuvres les plus délicates, et peu de femmes de la ville auraient pu, comme elle, se passer de l'attirail compressif et extenseur des baleines et aciers, sans en paraître moins bien faites. — La fraîcheur des eaux de source, les contrastes de température du *hoch* brûlant et du lait glacé dont les Vosgiens font leur repas du soir, perdent de bonne heure les dents des femmes. Chez Marguerite, un émail inattaquable avait bravé ces épreuves, et brillait pur et nacré entre deux lèvres rieuses. De beaux cheveux noirs, séparés au milieu du front et roulés sous un petit bonnet d'indienne, encadraient la fraîche figure de la jolie villageoise.

Au moral, Marguerite était une brave fille, simple, aimante et franche, qui passait peu de temps à penser à elle et à se regarder dans la glace. Elle se savait jolie, car on le lui avait souvent répété : elle était, du reste, assez femme pour s'en être aperçue ; — mais elle n'avait pas lu de romans, n'était jamais sortie de son village, et ne pensait pas que l'univers dût être à ses pieds, parce qu'elle avait la figure régulière et la taille mieux faite que celle de ses compagnes.

Aidée de la grosse Caton, une de ces filles que le Seigneur a créées exprès pour le département des lessives et des écuelles, et auxquelles il a donné une peau rugueuse capable de braver avec un égal succès la potasse des lessives et la chaleur des fourneaux de cuisine, Marguerite tenait pour Cugny les commerces variés que cet homme actif avait ajoutés à sa profession d'aubergiste. — Malgré leur quantité, le travail n'était pas fatiguant, car la pratique est rare au village, et la route qui traverse Hermont n'est pas fréquentée. — Les voyageurs passent par la vallée de la Plaine, plus directe et dotée d'un meilleur chemin. — Le bûcheron qui part le lundi pour la coupe dont il reviendra le samedi, le laboureur qui dès quatre heures du matin doit être à son travail, achètent le dimanche le tabac de toute la semaine. Restent les passants en toute saison, et les flotteurs en été, qui ayant sans cesse les pieds dans l'eau, chassent volontiers l'humide, boivent du sec, et ont toujours la pipe aux dents.

— Quelques bonnes femmes viennent acheter aussi du sel, des épices, et autres menus objets nécessaires à leurs ménages; elles marchandent autant que possible, et commèrent volontiers.

Mais Marguerite leur tenait peu compagnie dans ces cancans villageois, misérable occupation dont l'éloignait sa bonne et droite nature. Elle baissait les yeux sur la broderie à laquelle elle travaillait dans ses moments perdus, c'est-à-dire huit ou dix heures par jour. Cet ouvrage, revendu plus tard aux marchands d'Épinal ou de Nancy, payait l'entretien de la jeune fille et les petits sacrifices qu'elle faisait au démon de la coquetterie. Les commères désappointées se rabattaient sur la fontaine de la place, où, au bruit des battoirs et au clapotement du linge savonné, se fait la chronique du village, la plus stupide et la plus méchante des gazettes, comme aussi la plus fâcheuse ; car, bon gré, mal gré, chacun en est l'abonné, et elle entre chez vous par la porte, la fenêtre, ou le trou de la serrure.

La jolie paysanne fut donc la garde-malade de Maurice. Une fluxion de poitrine amène une fièvre violente ; mais notre ami n'avait perdu connaissance que pendant quelques heures. Il put, dès les premiers jours de sa maladie, suivre de l'œil dans sa chambre la taille élégante de Marguerite. La petite-fille de Cugny allait, venait avec précaution pour ne pas fatiguer le malade, et de temps à autre égalisait sa couverture dérangée par les mouvements que lui faisait faire la fièvre. Dans l'état de faiblesse de Maurice, la jeune fille lui semblait parfois un être fantastique. — Il repassait dans sa mémoire incertaine les romans où les chevaliers blessés sont soignés par des fées bienfaisantes ; mais il se convainquait du bon témoignage de ses yeux, en éprouvant, aux mouvements de la robe de sa compagne, une douce sensation de fraîcheur.

Maurice reprenait peu à peu ses forces. Dans cette période de la maladie où l'esprit, déjà revenu à son état normal, s'impatiente de la faiblesse du corps, sa garde-malade improvisée lui fut encore d'un grand secours. La présence d'une jeune fille, jolie et simple, communique à toutes choses une couleur spéciale. Les quatre ou cinq visites que Marguerite faisait à la chambre de l'architecte suffisaient pour qu'une longue journée parût courte à celui-ci. Il se réjouissait de la voir, et la suivait de l'œil jusqu'à ce qu'elle eût disparu.

La confiance s'était établie entre les deux jeunes gens. Marguerite trouvait tout naturel un rôle qui eût paru délicat à une demoiselle de la ville. Sa piété féminine était excitée par le malheur du jeune homme, éloigné des siens, et elle le soignait comme un frère. — Maurice n'avait pu beaucoup parler, mais ses yeux exprimaient une si vive reconnaissance que la jeune fille en était touchée.

Un soir, quatre ou cinq jours après sa chute, le malade s'était assoupi, la tête tournée vers le mur. Il se réveilla en entendant dans sa chambre une conversation à demi-voix entre le curé et Marguerite qui le croyaient endormi.

— Mais, monsieur le curé, disait la jeune fille,

vous ne savez toujours pas le nom de ce pauvre monsieur. Il faudrait pourtant que vous lui demandiez où *restent* ses parents, car ils doivent être inquiets de ne pas avoir de ses nouvelles. Vous pourriez alors leur écrire. Peut-être bien aussi qu'il était attendu *à* quelque part : mais il est tombé si vite malade, que c'est à peine si le docteur a eu le temps de le coucher. Moi, je lui aurais demandé déjà tout cela ; mais je n'ai pas osé craignant d'avoir l'air *curieuse*.

— Tu as eu raison, ma fille, répondit le curé. Sois tranquille toutefois. Ce jeune homme est arrivé ici vêtu simplement ; mais son sac, que Jacques a descendu de Prayé et que nous avons été forcés d'ouvrir, contient divers objets qui m'indiquent qu'il est dans une position heureuse. Ces crayons et cet album me prouvent qu'il voyage pour son plaisir. Un retard ne doit donc pas beaucoup nuire à ses affaires, ni alarmer sa famille. Du reste, si je ne lui ai pas offert d'écrire pour lui, c'est que je craignais encore de le fatiguer en le questionnant. Nous pourrons sans doute l'interroger demain.

— Mon Dieu, monsieur le curé, reprit la jeune

fille, je suis bien contente de vous entendre. Il y a de si méchantes gens au monde. On disait hier à mon *pampy* [1] que nous avions eu tort de recevoir comme cela, sans renseignements, ce pauvre monsieur ; qu'il mentait en disant qu'il était tombé dans l'étang de la Meix, parce que jamais personne n'en était sorti : enfin, que nous ne pouvions savoir à quoi nous nous exposions. Un jeune homme qui a l'air si doux, si honnête et si reconnaissant !

— C'est vrai, dit le curé, que sa figure m'a plu tout de suite, et aussi au docteur, qui n'aime pourtant pas les étrangers. Mais laisse dire les mauvaises gens, ma fille, et fais ce que ton cœur te conseille. A demain, on m'attend au presbytère.

Le curé sortit, en laissant Maurice seul avec Marguerite.

La jeune fille resta près de la fenêtre, accoudée sur la large tablette de sapin, et regardant le soleil qui s'approchait du sommet des montagnes. Maurice changea doucement de position pour la voir à la dérobée, mais Marguerite l'entendit et se retourna brus-

[1] *Pampy*, grand-père.

quement vers lui, pensant qu'il s'éveillait. Dans ce mouvement, elle fit tomber l'album de Maurice placé à l'angle de la commode, et le retint au vol avant qu'il fût arrivé à terre. L'artiste vit le geste de la jeune fille entre ses paupières demi-closes, et se tint coi pour la rassurer.

L'album s'était ouvert dans sa chute. Marguerite le reposa sur la commode ; mais ne put s'empêcher de jeter un coup d'œil sur la page qui s'offrait à elle. Le soleil couchant dardait ses rayons rouges à travers les petits carreaux verdâtres réunis par des losanges de plomb. Le profil de Marguerite se découpait sur ce fond coloré, et ses cheveux traversés par la lumière brillaient comme une auréole.

Mais un nouveau mouvement de Maurice lui fit lever les yeux, et elle s'aperçut que le malade était éveillé.

La jeune fille, confuse, étendit la main pour fermer l'album, en disant :

— Votre livre est tombé et s'est ouvert, monsieur, je n'y aurais pas touché sans vous en demander la permission.

— Je l'ai vu tomber, mademoiselle, répondit

Maurice ; mais si ces dessins peuvent vous intéresser, donnez-moi l'album, et je vous les ferai tous voir.

— Oui, vous sortirez vos bras du lit, et le docteur qui va venir me grondera.

— Je me charge d'excuser ma bonne garde, car je suis tout à fait bien, et crois que ses soins m'ont déjà guéri.

Maurice, en effet, n'avait plus de fièvre ; sa tête était reposée : il était, sauf un peu de faiblesse, revenu à son état normal. Marguerite lui prit les mains, et s'assura qu'il disait vrai. Puis elle apporta sur le lit l'album, dont l'artiste lui fit parcourir toutes les pages, expliquant à l'ignorante paysanne les scènes qu'elle ne pouvait comprendre.

Quand il arriva aux costumes alsaciens dont il avait une nombreuse galerie, la jeune fille reconnut avec une joie enfantine le Donon, Sainte-Odile et le Nideck, dans les horizons que Maurice avait donnés à ses sujets. Quelques remarques qu'elle fit prouvèrent à l'artiste qu'elle avait puisé, dans la vue des grands tableaux de la nature, un sentiment naïf, mais réel, de leur beauté. Un dessin représentant l'intérieur d'une scierie excita à un tel point son admiration, qu'elle ne voulait plus tourner le feuillet, et la nuit tomba qu'elle le contemplait encore.

Pendant que la jeune fille allumait le *heurchat* [1] vacillant, Maurice déchira cette page et la lui tendit.

— Je n'ai que peu de choses à vous offrir, dit-il, mais ce dessin vous plaît, et je serais heureux si vous vouliez le garder en souvenir de moi.

Marguerite sauta de joie.

— Mais vous avez déchiré votre beau livre pour cela! s'écria-t-elle. Voyez-vous, monsieur, si j'ai tant regardé cette image, c'est que je suis née dans une scierie. Mon père est sagard à Malfosse ; c'est depuis que ma pauvre mère est morte que je vis chez mon *pampy*. Tout le monde de ma famille était dans les scieries, et mon cousin Jacques loue encore celle d'Hermont. Je vais mettre ce beau dessin dans ma chambre, et il me semblera, quand je

---

[1] *Heurchat* ou *heurchot*, petite lampe à huile.

le regarderai, que je sens l'odeur des *tronses* coupées. Je pourrai me figurer que c'est mon père qui est là, près du *charriot* [1], et qui a le dos tourné.

— Qu'à cela ne tienne, ma chère Marguerite, dit Maurice, quand je serai sur pied, je dessinerai la scierie de Malfosse avec les montagnes, sur une feuille de papier plus grande que celle-ci, et j'y mettrai le portrait de votre père et le vôtre, si vous le voulez.

Marguerite était au comble du bonheur.

— Vous y mettriez bien aussi le *pampy?* demanda-t-elle.

— Va pour le père Cugny.

— Et Jacques?

— Qui cela, Jacques?

— Eh! vous le connaissez bien; c'est lui qui vous a apporté ici, et a été chercher votre sac: c'est mon cousin.

Maurice hocha la tête en se rappelant une phrase du père Schmidt.

---

[1] *Charriot*, partie de la scierie qui avance en portant la tronse.

— Va encore pour Jacques, puisque vous y tenez, dit-il. — « Ah! pensa l'ex-rapin, tu te fais mettre en post-scriptum dans la pensée des jolies filles. Je transmettrai tes traits à la postérité avec un nez monstrueux ; cela t'apprendra! »

— Et si vous voulez, reprit-il tout haut, j'y mettrai aussi le curé et le docteur?

— Oh! non, répondit Marguerite, pas le docteur ; il est trop méchant et se moque toujours de moi.

Au même instant, pour ne pas faire mentir le vieux dicton populaire, le docteur ouvrait la porte.

— Eh! eh! la jolie fille, dit-il en entrant, si tard dans la chambre d'un garçon qui me semble, ma foi, fort gaillard. Tudieu, monsieur, nous avons secoué un peu vite cette fluxion de poitrine. Donnez-moi votre main. Allons, vous ne mourrez pas encore de celle-ci : vous avez le pouls aussi calme que moi.

— En effet, docteur, répondit Maurice, je me sens en très-bon état. Il me semble même que je dînerais volontiers.

— Pas si vite, jeune homme, pas si vite. Nous vous nourrirons encore à la becquée pendant quelques jours. Du reste, ne vous plaignez pas; ce sera mademoiselle, avec qui vous semblez au mieux, qui sera chargée de vous la donner. Hein! ce sera agréable! Mais que regardiez-vous donc là?

— Mon album, répondit Maurice, à votre service, monsieur.

— Volontiers, dit le docteur, qui s'assit et feuilleta les dessins de l'artiste. Mais vous avez là des choses charmantes. Je ne puis trop apprécier vos aquarelles parisiennes; mais voici des dessins de notre pays qui sont très-naturels. Ah! une Alsacienne! Elle est bien touchée, avec son papillon noir sur la tête, sa poitrine en carton doré, sa jupe rouge, et sa taille en sac de pommes de terre! C'est tout à fait cela.

— Tenez, interrompit Marguerite, voyez encore cette scierie, que monsieur m'a donnée.

— Bon! nous en sommes aux petits cadeaux? très-bien, jeunes gens, cela entretient l'amitié. Ainsi, monsieur, vous êtes peintre?

— Non, docteur, je suis architecte; je ne dessine guère que pendant mes vacances ou pour mon plaisir.

— Ah! vous êtes architecte, et vous prenez des vacances? — et combien de temps durent-elles, vos vacances?

— Je ne sais trop, répondit Maurice; un mois, un mois et demi.

Le docteur réfléchit un instant, l'album ouvert, sur un dessin de cathédrale.

— Eh bien, reprit-il, je vais vous faire une proposition. Refusez-moi hardiment, si elle vous gêne, et nous n'en parlerons plus. Est-ce entendu?

— Parfaitement, docteur.

— Bon! Mais si vous acceptez, je sais bien qui vous rendrez heureux. Écoutez-moi; vous ne pouvez bouger d'ici avant huit jours, comme je vous le disais ce matin. Mais il serait infiniment plus sage d'y rester trois semaines, et je ne sais vraiment, comment moi, votre médecin, je n'ai pas pensé à vous l'ordonner. — Sommes-nous d'accord?

— Pas trop; mais allez toujours.

— J'y suis. L'autre soir, quand vous êtes tombé ici, trempé comme un canard, je vous ai raconté l'histoire de la grande affaire de notre curé. Je vous ai dit, je crois, qu'il dirige les travaux en copiant les plans d'une église bâtie dans les environs, il y a une quinzaine d'années. Il se trouve que le portail n'a pas été réussi et qu'on le trouve généralement assez laid. Le curé voudrait en avoir un plus beau ; mais le pauvre homme ne sait pas dessiner, et c'est la partie la plus difficile. Il dit bien avoir son idée dans la tête ; mais, depuis deux mois, il hésite à commencer, n'osant s'engager dans une œuvre qu'il ne voit peut-être pas d'avance jusqu'au bout. Bref, ces jours-ci, il s'était décidé à faire un sacrifice d'argent ; il voulait aller à Strasbourg, consulter M. Morin, l'architecte, et lui demander un plan, coûte que coûte.

— Il aurait fait un voyage inutile, interrompit Maurice ; le pauvre M. Morin est mort depuis quelques semaines, et c'est sans doute à moi que le curé aurait eu affaire, car j'étais son élève.

— Vraiment! fit le docteur très-étonné. Eh bien ! vous arrivez fort à propos, et le curé ne va pas manquer de mettre la chose sur le dos du bon Dieu qui n'en peut pourtant mais, si vous êtes assez maladroit pour vous laisser tomber dans l'étang de la Meix.

Voici ma proposition : Dame, la fabrique n'est pas riche ; mais elle trouvera bien quelque argent pour avoir les plans de son portail et de sa tour.— Voulez-vous, quand vous serez sur pied, nous faire nos dessins ? Ici, sur les bâtiments, vous raccorderez mieux ce qui reste à faire avec ce qui existe. Cela ne vous retiendra pas bien longtemps, quinze jours, peut-être. Vous parcourrez nos forêts qui sont très-belles, vous irez voir la ruine de Pierre-Percée, celle de Salm ; vous monterez au Donon où vous êtes déjà allé, mais que l'on peut voir deux fois ; vous irez visiter l'abbaye de Senones où a séjourné Voltaire, et celle de Moyenmoutiers, qui a la plus belle église des Vosges. Nous ferons tout ce que nous pourrons pour que vous ne trouviez pas le temps trop long. Seulement, dans un pays où la visite d'un médecin se paye dix sous, les honoraires d'un architecte ne seront pas splendides.—Une fois n'est pas coutume ; vous vous rattraperez sur les Strasbourgeois, qui sont très-riches. Du reste, nous vous retournerons la caisse, si vous voulez, pour vous faire voir qu'il n'y restera rien.

Marguerite tenait ses yeux bleus fixés sur Maurice.

— Croyez, docteur, répondit l'architecte, que je suis heureux de pouvoir vous rendre un faible service en échange des soins que j'ai reçus du curé et de vous : — Je ferai vos dessins; je resterai ici pour en surveiller l'exécution autant qu'il sera utile. Quant aux honoraires, je ne veux pas gagner d'argent pendant mes vacances, et j'espère bien que vous me permettrez d'en dépenser un peu en faveur de l'œuvre?

— Cela, par exemple, ce serait trop fort! dit le docteur.—Merci, monsieur, je vois avec bonheur que mon vieux Lavater ne m'avait pas menti sur votre compte. Excusez-moi de vous fausser compagnie; mais je ne veux pas que le curé ignore un instant cette bonne nouvelle. Merci encore, monsieur; à tout à l'heure.

Le docteur dégringola l'escalier, oubliant sa canne, et enfermant son chien blanc, un beau *spitz* qui resta le nez collé contre la porte, flairant la piste de son maître.

— C'est bien, cela, monsieur Maurice, dit Marguerite fort émue.

La jeune fille, élevée au milieu des paysans, était peu accoutumée à voir ses voisins donner quelque chose pour rien, ou du moins pour ce qu'ils auraient considéré comme peu de chose, un service rendu.

IV

L'horloge de Cugny, vénérable coucou dont les poids descendaient dans une armoire brunie par le temps, et dont le cadran était surmonté d'un coq tricolore peint sur faïence, avait dix fois indiqué midi depuis notre dernière scène. Autant de fois, un grognement sourd, précurseur des douze coups, avait salué le retour du *hoch* fumant sur la table de sapin, tailladée par les couteaux des flotteurs. Mais, ce jour-là, la cuisine émettait des parfums inaccoutumés, et la grosse Caton n'avait pas trop, pour suffire à sa besogne, de deux aides de camp femelles recrutés dans le village. — Une file de *tartes*, nom générique de toutes les pâtisseries vosgiennes, alignées sur de longues planches devant le four, attendait que la pâte en cuisson sortît, et la broche, chargée de rôtis pantagruéliques, tournait en crépitant sous le manteau de la cheminée.

Toutes les friandises locales, les *vaudes* de sarrasin et de froment, les *nouilles* et les *cnêpes*; les tartes aux conserves de cerises, de *couetches*[1] et de *brimbelles*[2]; les *kugelhof,* noirs de raisins de caisse; les *ramas* bourrés de poires sèches ; les *vecques,* saupoudrées de sucre, reposaient sur les tables de la cuisine, dans des plats de faïence bariolés d'images multicolores. Des truites tournaient en rond dans un baquet placé sous le robinet de la fontaine, frappant de temps à autre à la surface de l'eau de vigoureux coups de queue, qui faisaient jaillir une flaque sur l'évier. Les écrevisses aux pattes rosées

---

[1] *Couetche,* prune noire.
[2] *Brimbelle,* fruit du myrtil.

en dessous, grouillaient par centaines dans un seau et s'entre-pinçaient furieusement, avec le bruit qu'on fait en marchant dans un tas d'écailles d'huîtres. Quelques jambons bien noirs, descendus du poste élevé qu'ils occupaient aux barres de fer de la cheminée, se dessalaient lentement dans un grand baquet d'eau tiède. Bref, un affamé se fût trouvé rassasié à l'odeur épaisse de cette cuisine.

Marguerite venait de temps à autre jeter sur ces apprêts le coup d'œil du maître. Dès le matin, elle avait, de ses bras, nus jusqu'aux épaules, battu elle-même la pâte destinée aux tartes de premier choix, celles qu'attendaient les gourmets du village.—Mais elle avait bientôt quitté la cuisine pour la boutique, où elle débitait aux paysans, en sucre, en cassonade, en cannelle, en pains d'anis et autres friandises, séchées depuis longtemps en bocal, plus dans quelques heures que pendant toute l'année.

Cugny ne chômait pas non plus. Dans la salle principale de la maison, le *poêle*, il remplissait de vin d'Alsace, puisé au robinet d'une grosse pièce, une quantité de petits tonneaux apportés par les familles aisées, et d'*anglaises*[1], appartenant aux gens plus modestes, auxquels leur bourse ne permettait qu'une consommation modérée du précieux liquide. — L'aubergiste n'avait pas l'habitude de se borner à un seul emploi de ses facultés, et il surveillait en même temps, par la fenêtre ouverte, une opération d'un autre genre qui se passait sur la place. — Là, les quinze pompiers du village, dont Cugny était le chef, faisaient une répétition générale des manœuvres d'incendie, mesure ordonnée la veille de chaque fête. Quand l'exercice n'allait pas à son gré, le capitaine se jetait à la fenêtre d'où, gesticulant et jurant, une bouteille à la main, il avait bientôt remis ses subordonnés dans la voie du devoir.

Le porte-lance, farceur de nature, dirigeait volontiers le jet de sa pompe sur les gamins qui traversaient la place, sur ses connaissances s'il les apercevait à quelque fenêtre, ou sur les oies et les chiens qui s'enfuyaient épouvantés.

Tous ces préparatifs se faisaient en l'honneur de

---

[1] *Anglaise*, bouteille.

saint Amé, patron d'Hermont, dont la fête tombe le 13 mai. C'était pour la glorification de ce saint vénéré que s'élaborait cette montagne de vivres; car, si les Vosgiens sanctifient la fête paroissiale en allant à la grande messe, ils la célèbrent plus scrupuleusement encore avec leur estomac. Ce jour-là, le plus pauvre a son *anglaise* de vin, son morceau de viande et sa *tarte*. Or, comme Caton joignait à les qualités domestiques la réputation de la meilleure pâtissière du lieu, l'on cuisait chez l'aubergiste pour tous les notables d'Hermont.

L'hôtel de ville se distingue des autres maisons du village par un drapeau tricolore de fer-blanc arboré à une fenêtre, et par l'absence de fumier à la porte.—Devant ce bâtiment s'installaient, sous des tentes de cotonnade rayée, les derniers venus des marchands forains attirés par la Saint-Amé. La plupart, arrivés depuis les premiers jours de la semaine, vendaient des objets utiles ; car le Vosgien renouvelle généralement sa garde-robe à l'occasion de la fête.

D'autres consacraient leur industrie à l'exploitation des vices humains. Déjà, bien des marmots, nu pieds, le bonnet de laine enfoncé jusqu'au cou, la chemise sortant par toutes les solutions de continuité, utiles ou accidentelles, de leurs vêtements, commettaient le péché de convoitise en suçant leurs doigts devant des pains d'épices d'aspect cartonneux, et des sucreries teintes en couleurs diverses par une chimie malfaisante. Des *luronnes*, sortes de roulettes où la banque gagne moins qu'à la *Conversation*, tout en gardant plus de chances pour elles; des *tourniquets*, où le joueur favorisé du sort peut avec un sou gagner la somme fabuleuse d'un franc; des loteries, dont les enjeux de verre, de cristal ou de faïence, sont destinés à séduire les ménagères, figuraient auprès de jeux aussi dangereux pour le joueur, mais où son adresse pouvait du moins lui servir. — C'étaient des tables plantées de couteaux qu'on gagnait en les entourant d'un anneau de fer jeté de trois pas; un tir à l'arquebuse, analogue à ceux des Champs-Élysées, où la récompense, purement morale, du vainqueur, est de voir sortir de sa niche un Bedouin blanc à barbe noire; et d'autres encore, que ceux de nos lecteurs qui ont été assez heureux pour naître dans un village, ont gardé, comme nous, dans leurs souvenirs d'enfance.

Une baraque carrée, de toile et de planches, adossée à une voiture jaune qui servait, selon les circonstances, de scène ou de logis aux artistes, annonçait aux habitants d'Hermont, par une affiche splendide, la tragédie de *Joseph vendu par ses frères* et le drame émouvant de *Victor ou l'Enfant de la forêt*. — Joseph, ou du moins l'artiste possesseur de la voix de Joseph-marionnette, fumait sa pipe sur les marches de la voiture, et la femme de Putiphar étendait sur des ficelles du linge d'une blancheur douteuse.

Auprès de la dernière maison du village, se préparait la partie la plus intéressante de la fête, le *rampô*, le tir au fusil et la danse.

Le *rampô* est un jeu où trois quilles, placées de cinq en cinq mètres sur la même ligne, à trente pas des joueurs, doivent être abattues dans un seul panier de dix boules. Le gagnant à cet exercice difficile, reçoit un mouton que lui conduisent, fort enrubané, les musiciens de la fête aux sons d'une marche triomphale. — Il a de plus le privilége d'abreuver les gosiers qui ont crié vivat en son honneur, ce qui rend sa victoire peu lucrative. — Une oie grasse devait être la récompense du vainqueur au noble jeu du tir.

Ces plaisirs bruyants avaient été bannis par le curé du voisinage de l'église. Le bal s'était, jusqu'à l'année précédente, donné dans la *maison commune:* mais le vieux plancher de la salle menaçait de s'effondrer sous les souliers ferrés des danseurs, et n'avait résisté à la dernière épreuve que grâce à l'élasticité indéfinie du sapin. Il avait tellement gémi et craqué qu'on l'avait, à l'avenir, dispensé de ce service périlleux.

Le bal se donnait cette année en plein air, sous une toile destinée à préserver les danseurs du soleil et de la pluie. — On avait placé sur la prairie plate trois longues poutres. Sur ces pièces reposaient des solives où quelques ouvriers étaient occupés à clouer des planches empruntées à la scierie de Jacques. Si ce parquet improvisé s'enfonçait, les danseurs ne couraient pas risque de se faire grand mal.

Pendant ces préparatifs, Maurice, retiré dans sa chambre, écrivait la lettre suivante :

« *Monsieur Jules V****. — *Strasbourg.*

» Cher ami,

» Merci pour la bonté que tu as mise à m'envoyer mes compas et autres outils de travail.

» La nouvelle commission que je viens te donner t'édifiera mieux que les plus longues phrases sur mon état actuel. Envoie-moi mon fusil ; je t'expédierai en retour le premier coq de bruyères tué dans les forêts d'Hermont par une cartouche Lefaucheux.

» Tu vois, mon ami, que je n'ai pas conservé rancune aux montagnes de la Meix, qui ont failli me garder pour toujours.—Je me plais ici, et je suis entouré de l'affection des braves gens du pays, reconnaissants de ce que le Parisien, comme ils m'appellent, consent à achever leur église pour rien. — En les voyant de près, je leur trouve des qualités que ne soupçonne pas celui qui les tient à distance. Ils ne peuvent pas gagner grand'chose à notre contact ; nous pouvons beaucoup gagner au leur. Quelles leçons de résignation aux mécontents de notre classe !

Des gens qui travaillent quatorze heures pour gagner trente sous, et considèrent un homme comme heureux, quand, selon leur triste expression, *il se défend*. Mais les campagnards au milieu desquels je vis ne sont pas paysans dans la vraie acception du mot; ce ont plutôt les travailleurs d'une grande manufacture qu'on nomme les bois du gouvernement. — La dureté et l'avarice du paysan sont tempérées chez eux par la facilité qui caractérise l'ouvrier régulièrement payé. — Le démon de la possession n'a pas entièrement gâté leur nature bonne et hospitalière.

» Mes journées se passent à l'église. J'ai fait un croquis rapide de la tour et du portail tels que je pensais les exécuter. Le curé et le conseil municipal ont trouvé ce plan de leur goût. — Je ne suis pas de ceux qui croient indispensable d'innover à tout propos, espèce trop commune dans notre profession. A mon avis, un bon architecte n'est pas plus forcé d'être un créateur de formes nouvelles, qu'un bon exécutant sur un instrument quelconque d'être compositeur. — J'ai donc pris un beau modèle, et réduit aux proportions d'une église de village la charmante cathédrale de Thann, un vrai bijou que tu apprécies comme moi. Le curé, en plaçant mon projet auprès de celui qu'il suivait précédemment, projet fait de toutes pièces par celui qui l'a signé, a failli me sauter au cou et m'a pris pour un grand homme. — La tour ancienne ressemblait à une cheminée à vapeur belge, crénelée et historiée du haut en bas comme un chef-d'œuvre de pâtisserie.

» Depuis ce temps, nous nous sommes mis au travail. Je donne des leçons au curé ; je trace devant lui l'appareil des pierres les plus difficiles, et lui indique l'ordre le plus économique de la construction. Mon élève comprend vite et pourra bientôt se passer de moi.

» Mais je vois un sourire railleur dessiner ses plis sur ta figure, et je t'entends me dire : — Oui, ami Maurice, les Vosges sont belles, leurs forêts sont vertes et leur ciel bleu, leurs habitants sont de bonnes gens.—Mais n'y a-t-il pas que des curés au milieu de ces paysages enchanteurs. Cette petite broche que tu me demandais l'autre jour devait-elle prendre place à la troisième boutonnière d'une soutane ?

» Je crois, en ce moment, mon cher Jules, que pour apparaître aux hommes de notre âge avec leurs vraies couleurs, les plus belles scènes de la nature ont besoin d'être éclairées au soleil de deux yeux bleus.—Tu connais ma jolie hôtesse; je t'ai déjà parlé d'elle. Une sœur ne m'eût pas soigné avec plus de gentillesse et de dévouement. Je suis en train de comprendre la scène où l'amour vient à Werther à la vue d'une jeune fille, simple et innocente, distribuant des tartines à une bande de marmots. Ce matin, j'ai éprouvé une vive émotion en voyant Marguerite battre la pâte d'une tarte que je mangerai demain.

» Rassure-toi cependant, ami Jules; je ne suis pas amoureux.—Ma belle est fiancée au plus brave garçon d'ici, son cousin, un sagard, nommé Jacques Schmidt. Ce digne Vosgien me fait l'honneur d'être fort jaloux de moi. Il ne peut comprendre le charme tout désintéressé que je trouve à la vue de sa cousine. — Si je lui parlais des atteintes de la satiété, cette cruelle maladie de nos villes; si je comparais mon sentiment en présence d'une simple et jolie jeune fille, au plaisir du voyageur qui, sortant d'un désert aride, repose ses yeux brûlés sur les fraîches couleurs des fleurs et des arbres, le pauvre garçon me prendrait pour un fou. — Mais sa souffrance ne sera pas de longue durée. Je quitterai bientôt Hermont et partirais de suite, si je voyais autre chose qu'une confiance amicale dans les regards de Marguerite.

» Ce pays est beau, d'une beauté mélancolique. Le Rhin des légendes n'est pas loin. Les formes ballonnées des montagnes, le vert régulier des grandes masses de sapins, disposent l'esprit à des pensées douces et calmes.

» J'ai souvent surpris Marguerite, laissant tomber sur ses genoux son éternelle broderie, et regardant le tableau verdoyant qu'encadre chacune des fenêtres de Cugny. Sa figure prend alors une expression rêveuse, et elle reste ainsi jusqu'à ce quelque bruit extérieur la rappelle à son travail.

« — Vous avez un beau pays, mademoiselle, lui ai-je dit l'autre jour en la voyant dans un de ces moments.

» — Oh! oui, monsieur, m'a-t-elle répondu d'un air reconnaissant,

» Je lui avais fait plus de plaisir qu'en lui adressant un compliment à elle-même.

» Pourtant, à une phrase de ce genre, le paysan vosgien répond infailliblement :

» — On le dit, monsieur.

» Ce qui signifie que pour son compte il ne s'est jamais aperçu de ce que vous voyez.

» Quant à mon hôte, il fume sa pipe, sert à boire à ses flotteurs, qu'il forçait de se taire pendant ma maladie, mais qui font maintenant un train à tout rompre, boit avec eux, et, dans ses moments perdus, me fait un cours de patois. Je serai d'une certaine force sur ce langage à ma rentrée à Strasbourg.

» Je m'arrête, mon cher Jules, et ne relirai pas ma lettre, car je pourrais y trouver trop belle prise à tes railleries habituelles.— Moque-toi de moi si tu veux, mon idylle n'en sera pas moins innocente et gracieuse. »

V

Le lendemain était la Saint-Amé. A la messe paroissiale, plus longue que les messes ordinaires, succéda le dîner de la fête, infiniment plus long que les dîners des autres jours. Aussi, aux vêpres, beaucoup de bancs furent-ils vides du côté réservé aux hommes. Les femmes étaient plus nombreuses : elles sont chargées de préparer et de servir le repas de fête, mais elles n'en prennent pas, à beaucoup près, une aussi large part que messieurs leurs époux.

A trois heures, après la sortie des vêpres, les saltimbanques frappèrent sur leur grosse caisse : le *rampô* et le tir commencèrent pour ne finir qu'au coucher du soleil ; le bal champêtre ouvrit pour ne fermer qu'à quatre ou cinq heures du matin.

C'est sous la barraque de planches et de toile où les habitants d'Hermont prenaient le plaisir de la danse, que nous allons conduire nos lecteurs, une heure après l'ouverture du bal.

Au milieu de la poussière soulevée par les souliers des danseurs et de la fumée sortie des pipes que les cavaliers conservaient à leur bouche, quatre musiciens, un piston, une clarinette, une basse et un fifre, gagnaient conscieusement leur journée. La basse grondait, le piston aboyait, la clarinette poussait des cris perçants, et les notes du fifre atteignaient presque les soixante-treize mille sept cents vibrations qui, d'après M. Despretz, sont la limite d'acuité des sons. De temps à autre, les *mentrés* [1], Alsaciens d'origine, essuyaient leurs fronts couverts de sueur, trempaient leurs moustaches rousses dans

---

[1] ***Mentré***, ménétrier.

de grandes choppes de bière, et reprenaient de plus belle.

La contredanse vosgienne se compose principalement d'une répétition interminable de la figure connue sous le nom d'*en avant deux ;* les danseurs font consister l'élégance à sauter aussi haut que possible, de manière à retomber en faisant beaucoup de bruit.—Grâce aux clous de leurs souliers, la plupart y réussissaient à merveille, et tous paraissaient charmés.

Les cavaliers étaient vêtus de vestes de velours brun, ou de blouses bleues neuves, garnies aux épaules et à la poitrine de passementeries diverses. Les couleurs éclatantes, le bleu, le vert et le rouge dominaient dans la toilette des danseuses, et tranchaient sur la galerie noire des bonnes femmes assises sur un banc qui régnait autour de la baraque.

Le prix d'une contredanse et d'une valse consécutives était de deux sous, que les entrepreneurs du bal percevaient des cavaliers en emprisonnant tous les danseurs dans une ficelle, tenue à chaque bout par l'un d'eux. La danse ne s'interrompait pas, il n'y avait pas une minute de perdue. Ceux qui avaient acquitté le droit faisaient passer la ficelle par-dessus leur tête et continuaient en toute liberté.

Marguerite n'aimait pas ces bals. La familiarité grossière qui y règne les lui avait toujours fait considérer autrement que comme un plaisir. Mais Cugny n'entendait pas de cette oreille; il ne détestait pas le tapage, aimait assez à boire un coup, et était surtout flatté de s'entendre faire des compliments sur sa petite-fille. Il signifia donc à Marguerite qu'elle aurait à l'accompagner, et engagea Maurice, qui dînait chez le curé, à en faire autant.

— Il faut bien tout voir, lui dit-il, et vous ferez danser la *petiote*.

Jacques fut le cavalier de sa cousine, depuis la maison jusqu'au *dansoir;* mais le pauvre garçon avait le cœur gros, car, toujours par l'ordre de son grand-père, Marguerite avait mis la jolie broche que Maurice lui avait offerte.

— Qué diable! avait dit le vieux flotteur, je ne sais à quoi ressemblent les *bacelles* d'aujourd'hui.— Mademoiselle ne veut pas venir au dansoir; mademoiselle n'aime pas le bal, mademoiselle n'aime pas les bijoux. Mais je finirai [par faire de toi une *chère sœur*.—Si M. Maurice t'a donné cet affiquet-là, c'est pour que tu le mettes, entends-tu?

Marguerite avait obéi, mais Jacques ne détacha pas, pendant tout le dîner, les yeux du cercle d'or qui brillait sur la robe de sa cousine; il en mangea moitié moins que de coutume; et, quand sur le chemin du dansoir il put parler sans être entendu de Cugny, il demanda à Marguerite d'où lui venait ce bijou?

— C'est M. Maurice qui me l'a donné, répondit la jeune fille.

— Je le pensais bien, dit tristement le sagard.

— Est-ce que c'est cela qui t'a rendu si maussade depuis deux heures?

— On le serait à moins. Je ne t'ai vue que deux fois cette semaine, tu étais avec ce beau monsieur-là. Aujourd'hui, tu portes au cou un cadeau de lui. Comment veux-tu que je sois content?

— Mais, reprit Marguerite, qu'est-ce que cela peut te faire? Tu sais bien que je ne suis pas fille à me laisser tourner la tête par un bijou. Et si mon grand-père ne me l'avait commandé, je n'aurais pas mis celui-là aujourd'hui à cause de toi. Tu avais l'air si méchant, l'autre jour, que j'ai cru que tu allais mordre la main de M. Maurice, quand, sachant que tu étais mon cousin et le fils du père Schmidt, il est venu à toi en te traitant comme un ami. J'aurais voulu t'éviter ce nouveau mécontentement. Mais il faut prendre sur toi plus que tu ne le fais, Jacques, car tu te rends malheureux et les autres avec toi.

— Eh ! je fais bien ce que je peux, mais c'est plus fort que mon vouloir. Ces messieurs de la ville sont bien *aivenants,* Marguerite ; défie-toi de celui-là. — Tiens, je gage que tu vas encore danser avec lui ?

— Ma foi, oui, répondit Marguerite, moitié fâchée des soupçons de son cousin, moitié riant de sa mine piteuse. Et d'abord, je parierais qu'il danse mieux que toi.

— Pour cela, c'est possible; mais il ne t'aime bien sûr pas tant.

— Tu n'en sais rien, ni lui non plus, dit la jeune

fille en riant tout à fait. Il ne pense guère à moi, je t'en réponds.

Tous deux étaient parvenus au bal, dont une foule compacte encombrait l'entrée, et Jacques ouvrit un chemin à sa cousine au moyen de quelques bourrades dont personne ne se formalisa ; car le sagard était l'homme le plus vigoureux du village.

Maurice n'était pas arrivé, et le fiancé jaloux eut le bonheur d'ouvrir la danse avec Marguerite. La figure et la toilette de celle-ci excitèrent un murmure d'admiration parmi les hommes et des chuchotements réitérés parmi les jeunes filles.

Elle portait une robe de laine gris clair. Ses cheveux, réunis contre la coutume du pays en deux nattes semblables à celles des Suissesses, s'enroulaient simplement derrière sa tête. Elle avait de petits souliers en cuir verni qui laissaient voir une cheville fine et bien prise.

L'architecte entra dans la salle quelques instants après. Il s'orienta sur la haute taille de Jacques, certain de trouver Marguerite non loin de là. Il serra la main au sagard, qui fit la même grimace que si sa grande scie lui eût mordu les doigts; puis, se penchant vers Marguerite, il demanda une contredanse qui lui fut promise.

Jacques crut obéir à sa cousine et dissimuler suffisamment sa jalousie en n'invitant personne et en allant s'asseoir au fond de la baraque.

La danse reprit. Maurice était vêtu d'un costume blanc qui faisait valoir sa tête brune. Seul de l'assistance, il n'avait pas son chapeau sur la tête, seul il parlait à sa danseuse ; car les Vosgiens, tout à l'entraînement d'un plaisir qu'ils ne goûtent qu'une fois par an, ne pensent guère à causer avec des jeunes filles qu'ils voient chaque jour. Ils sont du reste peu bavards de nature, et font leur cour d'une façon assez silencieuse.

Quand la contredanse fut terminée, et nos jeunes gens sortis de la ficelle du péage, l'architecte entraîna sa danseuse dans le tourbillon rapide d'une valse à trois temps. L'orchestre, tout discordant qu'il fût, marquait avec précision cette mesure, innée chez les habitants des deux versants des Vosges. — Les paysans sautent ordinairement cette danse ; l'habitude des sabots et des gros souliers leur rend les jambes lourdes. Maurice et Marguerite glissaient gracieusement, malgré les difficultés du parquet, qui ressemblait un peu trop à un plan en relief du pays.

C'était un joli couple. Les jeunes filles jalousaient Marguerite, mais il n'en était pas une qui ne se sentît dans le cœur un peu de faiblesse pour le beau Parisien.
— Il y avait là quelques jeunes gens dont la figure eût supporté la comparaison avec celle de Maurice, Jacques, entre autres, qui, dominant de sa tête toute l'assistance, tenait invariablement les jeux fixés sur sa cousine; mais les traits du sagard étaient contractés par une préoccupation qui leur donnait une expression peu avenante.

La grâce de Maurice, aussi maître de lui sur ce dansoir de village que sur les parquets cirés d'un salon parisien; sa parfaite liberté dans un costume léger et élégant; l'aisance avec laquelle il se penchait vers sa danseuse qui, entraînée par le mouvement de la valse, lui répondait en souriant, distinguaient l'artiste de son entourage villageois, et frappaient à chaque mesure un coup sur la pointe aiguë qui s'enfonçait dans le cœur de Jacques.

— Charmante valse! disait Maurice, et vous dansez comme une Allemande, ma chère Marguerite. Mais qu'est donc devenu votre cousin ?

— Le voilà derrière tout le monde. Vous lui faites faire en ce moment une année de purgatoire, répondit la jolie fille en adressant un sourire malin à Jacques par-dessus l'épaule de son danseur.

— Ma foi, s'il ne dépendait que de moi, il n'aurait pas tort d'être jaloux.

Cependant Cugny était dans la jubilation. Attablé au bout du dansoir avec quelques-uns de ses contemporains, il buvait la bière et recevait sur sa petite-fille des compliments dont il s'adjugeait la meilleure part. Il se croyait de bonne foi le héros de la fête.

Après la valse, Maurice ne pouvant, sans compromettre sa danseuse, l'inviter deux fois de suite, se résigna à prendre une grosse fille, aux joues rouges, et aux appas prononcés.

— Il ne put en tirer qu'un : « Vous êtes bien bon, monsieur, » appliqué en guise de réponse à tous les compliments saugrenus qu'il lui débitait, et la jeune campagnarde, enivrée par le plaisir d'être au bras du plus beau cavalier de la fête, lui marcha une ou deux fois sur les pieds de manière à lui faire comprendre que les gros souliers de ses voisins n'étaient pas un luxe inutile. Mais Maurice ayant trébuché sur une des planches inégales du parquet improvisé, sa compagne le retint d'un bras vigoureux, et prouva à notre ami que le poids d'une danseuse pouvait aussi servir à quelque chose.

Après deux ou trois choix de ce genre, qui flattaient beaucoup les élues, le jeune homme se reposa un instant ; puis alla de nouveau inviter Marguerite, auprès de laquelle son cousin, moins soucieux du qu'en dira-t-on, avait passé tout le temps de son absence.

Marguerite l'avait vivement grondé sur sa contenance, si bien qu'elle put dire à Maurice : « Jacques nous fera vis à vis, » sans que le sagard fît mine de retourner dans son coin.

Au moment où l'orchestre allait entamer la contredanse, qui était l'alpha et l'oméga de son répertoire, un grand bruit se fit entendre au dehors. L'exclamation de joie des Vosgiens : *Tiou... tiou... tiou... hihi !* retentit à faire vaciller les choppes sur les tables. La basse, qui commençait un solo, s'arrêta court.

— Qu'est-ce que cela? demanda Maurice à sa danseuse.

— Le soleil vient de se coucher, répondit celle-ci; les jeux sont finis. C'est sans doute le gagnant du *rampó* ou du tir qu'on amène en triomphe.

Au même instant, un personnage en blouse, porté sur les épaules de trois vigoureux compères, fit son entrée dans la salle en se baissant pour ne pas se briser le front aux planches de la toiture. C'était notre connaissance, le Hardier, vainqueur du tir. La figure du vaurien était radieuse, et indiquait, par ses vives couleurs, que les premières libations avaient été faites au Dieu de la victoire.

Marguerite serra vivement le bras de son danseur par un mouvement d'effroi.

— Qu'avez-vous? demanda l'architecte.

— Excusez-moi, monsieur Maurice! répondit Marguerite qui tremblait encore, c'est ce vilain homme qui m'a fait peur.

— Pourquoi le craignez-vous?

— Oh! il est bien méchant!

— Mais encore? ce n'est pas une raison pour vous effrayer ainsi.

La jeune fille rougissait; mais Maurice insistant :

— Deux ou trois fois, dit-elle, quand il apportait du gibier à mon grand-père, et que j'étais seule, il m'a parlé comme il n'aurait pas dû le faire. Vous pensez bien comment je l'ai reçu. Mais il m'a dit une fois qu'il finirait par me trouver dans un endroit où je ne serais plus si fière. Depuis cela, je me cache quand je le vois venir, car j'en ai une peur affreuse.

— Et comment n'en avez-vous pas prévenu votre grand-père?

— A quoi bon! — Il est vif, il se serait fâché contre le Hardier, et je ne voudrais pour rien au monde lui savoir une affaire avec un homme aussi dangereux. — Il ne peut rien contre moi, d'ailleurs, et je suis folle de m'effrayer.

— En tout cas, chère Marguerite, ce n'est guère le moment d'en avoir peur.

A la table, Cugny disait au brigadier forestier qui buvait avec lui:

— Voilà encore ce *vouete* [1] garnement qui a gagné l'oie, comme l'an dernier. Comment n'avez-vous pas débarrassé le pays d'un gueux qui ne vit que de braconnage?

— Oh! d'abord, répond le garde, commencez par ne plus lui acheter de gibier. — Et puis, ce que vous demandez est plus facile à dire qu'à faire. Le *manre* chien n'est pas commode à prendre, et il y a beau temps que nous le guettons. Mais nous finirons une bonne fois par lui mettre la main dessus.

— En attendant, il vit au milieu de la forêt, ni plus ni moins qu'un garde. Comment le laissez-vous là?

— Ah! pour ça, nous n'y pouvons rien. Il vit contre la forêt; mais c'est sur les *communaux* du vieux Mesnil qui s'avancent jusqu'en haut de nos bois. — Il n'y aurait que le maire de Mesnil qui pourrait le chasser de là; et encore, comme sa bicoque a été bâtie par un *marquard* [2] qui n'a cessé

---

[1] *Vouete*, laid, vilain.
[2] *Marquard*, berger des troupeaux qui pâturent sur les chaumes.

de faire pâturer que depuis cinq ou six ans, et l'a régulièrement vendue à la mère du Hardier qui vivait là-haut, parce qu'on ne voulait pas d'elle dans le village, je ne sais pas trop si on pourrait faire démolir. Il doit y avoir prescription.

Cependant, le braconnier s'était installé avec ses amis à une table voisine. Ils avaient fait apporter de l'eau-de-vie de marcs et s'étaient mis à boire, en riant des tranquilles buveurs de bière qu'ils avaient auprès d'eux.

— Tu ne danseras pas, Hardier? demanda bientôt à celui-ci l'un de ses compagnons.

— Si, *ma foi damnée!* et je sais bien avec qui, répondit le braconnier. Tu vas voir si je prendrai la plus *peute* [1].

Le vaurien s'approcha de Marguerite qui se reposait au bras de son cavalier, dans l'intervalle compris entre la contredanse et la valse, et invita la jeune fille.

Celle-ci, très-troublée, balbutia qu'elle était déjà engagée.

[1] *Peūt*, synonyme de *voucte*.

— Et par qui? demanda le Hardier, les engagements sont défendus. C'est affiché.

En effet, une pancarte suspendue à l'estrade des musiciens portait ce règlement, habituel dans les bals villageois.

— Par moi, répondit Maurice, par moi, s'il vous plaît.

— Tiens, dit le braconnier, c'est-il pas vous, que j'ai rencontré, il y a eu lundi huit jours, sur les Chaumes? Vous ne me *remettez* pas?

— Parfaitement, répondit l'artiste, je vous connais très-bien; et, ajouta-t-il en sentant sa danseuse se serrer contre lui, c'est pour cela que mademoiselle ne dansera pas avec vous.

— Ce serait-il vous qui l'en empêcheriez, par hasard? demanda le Hardier d'un ton de menace.

— Si ce n'est pas lui, ce sera moi, entends-tu, vaurien! s'écria Cugny qui s'était approché pendant la discussion.

— Ou bien moi, dit Jacques, en venant ajouter au front de bataille ses larges épaules.

— Oui, continua Cugny, gagne le prix du tir si tu peux; celui-là est au plus adroit; tant mieux pour toi si tu l'es. Mais ne crois pas pour cela que tu puisses causer aux filles de ceux qui se respectent. Elles ne manquent pas assez de danseurs, Dieu merci, pour en prendre parmi les vagabonds. — Va boire avec tes pareils, et laisse-nous en paix !

Si le Hardier avait été seul avec le vieil aubergiste, celui-ci eût expié ses paroles, car la figure du braconnier indiqua un profond ressentiment.—Mais les regards qu'il sentait fixés sur lui, et le poids de la réprobation générale intimidèrent le vagabond. Il regagna sa place en chancelant et but plusieurs verres d'eau-de-vie pour se remettre.

Cependant, la valse avait continué, et le bruit de la danse joint aux éclats de l'orchestre avait empêché cette discussion d'être entendue de tous. Les compagnons du Hardier, contrebandiers, flotteurs, gens peu scrupuleux et étrangers au pays, avaient été blessés des paroles de l'aubergiste et de l'accueil fait à leur camarade.

— Dis donc, Hardier, à ta place, je ne laisserais pas les choses se passer comme cela, dit l'un d'eux.

— C'est pourtant ce beau fils, ce *kinkin* [1] là, qui a l'air d'une *cacotte* [2] avec son plumage blanc, qui est la cause de tout ce bruit, continua un autre.

— On devrait bien le flanquer à la porte, avança un troisième.

— Les filles n'ont d'yeux que pour lui. Quand il sera dehors, elles seront bien forcées de faire attention aux bons garçons qui sont ici.

— *Ma foi damnée*, si vous en êtes, j'en suis, dit le Hardier, relevant sa tête rougie qu'il appuyait sur la table.

— Encore nous, dirent deux ou trois jeunes gens d'Hermont, assez mécontents de l'attention que leurs maîtresses prêtaient aux faits et gestes de l'étranger.

— Alors, ça y est, conclut le Hardier, à la porte le Parisien !

— Écoutez donc, camarades, dit à ce moment Jacques, en avançant sa tête au milieu des buveurs, voilà là-bas un compère que je m'en vais aller prier

---

[1] *Kinkin*, fat (requinquer).
[2] *Cacotte*, oie.

de vous donner un coup de main. Vous ne serez sans doute pas fâchés de boire avec lui, car je crois que quelques-uns d'entre vous le connaissent particulièrement.

Jacques désignait, en souriant de son air tranquille, un gendarme qui, accoudé contre la porte, regardait paternellement les ébats des danseurs. — Les mécontents, absorbés par leur complot, ne l'avaient pas aperçu.

Il n'y avait rien à faire. — Le Hardier se mordit les lèvres et, s'approchant de Jacques, lui dit à voix basse :

— Grand dadais, tu protéges contre nous celui qui te prend ta maîtresse !

Le sagard, oubliant son rôle de conciliateur, fondit sur le Hardier et le saisit au cou en criant :

— Je ferai bien rentrer cette mauvaise parole !

On se jeta entre eux ; le gendarme aida à les séparer ; puis, comme le Hardier n'était pas en odeur de sainteté, il le mit à la porte, ainsi que ses compagnons, et tança le cabaretier qui leur avait trop donné à boire. — Les vauriens disparurent sans résistance devant le fonctionnaire au baudrier jaune, autorité rarement méconnue dans les Vosges.

Cette rixe avait été très-rapide ; Cugny, Maurice et Marguerite étaient accourus auprès de Jacques.

— Ce n'est rien, leur dit celui-ci en rajustant sa cravate ; c'est cet ivrogne qui disait des bêtises, et que j'ai aidé à mettre à la porte.

Mais à part lui, le sagard pensait : — Je te retrouverai bien dans un lieu où il y aura moins d'oreilles !

On venait d'allumer les quinquets, et l'odeur de l'huile, mêlée à celles du tabac et de l'eau-de-vie, commençait à faire du dansoir un séjour peu agréable. Marguerite proposa à ses compagnons de rentrer, ce que ceux-ci acceptèrent.

La place du village était couverte de monde. — Les amoureux se promenaient en se tenant par la main ; les joueurs se serraient autour des *luronnes* éclairées par des chandelles ; les vieux paysans, en culottes et guêtres bleues, coiffés de leurs chapeaux ronds, marchaient côte à côte sans rien dire, fumant la grande pipe allemande qu'on ne sort de l'*airmouère* que les dimanches et fêtes. — *Joseph vendu par ses frères* attirait, au son de la grosse caisse, une foule compacte qui se bousculait dans l'obscurité, en faisant craquer les gradins de la barraque. Des gamins allumaient dans les jambes du public les derniers pétards tirés en l'honneur de saint Amé.

Cugny, fatigué d'avoir crié et bu, se saisit du bras de Maurice, à qui il demanda pardon de la liberté.

Jacques en profita pour pousser en avant avec sa cousine.

— J'ai eu bien peur, lui dit celle-ci, et j'ai été heureuse quand tous ces vagabonds ont été dehors.

— Oui, répondit Jacques; mais si tu savais pourquoi le Hardier s'est fait mettre à la porte, tu serais moins satisfaite.

Et il raconta la scène à Marguerite.

— Tu l'as cru, Jacques? demanda celle-ci, que Csagard vit pâlir malgré l'obscurité.

— Si je l'avais cru, Marguerite, ç'eût été à un

autre qu'au Hardier que je m'en serais pris. — Mais tu vois ce qu'on gagne à fréquenter des gens qui ne sont pas de notre condition. Aujourd'hui, c'est un gueux comme le Hardier qui te calomnie, et je ne m'en fais pas trop de peine. — Mais demain, ce sera d'autres, et je ne serai pas toujours là pour les faire taire. Puis, après tout, Marguerite, si tu ne m'aimes plus, pourquoi me ferais-je des ennemis pour toi ? Je n'aime pas plus ce beau monsieur-là qu'un autre, au moins ; et si je l'ai défendu, c'est que je pensais bien que le tapage tomberait sur Marguerite Cugny.

— Tu t'es bien conduit, Jacques, tu es un bon cœur, et tu peux avoir assurance en moi. — Mais que veux-tu que je fasse ? M. Maurice est chez le *pampy ;* il y est pour un travail utile au village ; il est très-bon pour moi, et quoi que tu en penses, il ne m'a jamais dit un mot d'amour.— Serais-tu plus content qu'il me traitât comme une servante d'auberge ?

— Non ; mais j'aimerais encore mieux cela que de le voir te traiter comme une demoiselle. A force d'entendre son beau langage, tu finiras par trouver le mien trop dur pour toi. Déjà tu n'es plus la même depuis quelques jours ; tu parles comme tu n'as jamais parlé, et je suis sûr qu'au fond tu m'en veux de ce que je te dis.

— Ça, c'est vrai, répondit Marguerite ; j'aimerais te voir plus raisonnable.

— Je le suis plus que toi ; seulement je n'en ai pas tant l'air. — Mais, tiens, si tu veux que je te croie, il y a un moyen.

— Lequel ?

— Nous devons nous marier dans six mois, car à ce moment-là, j'aurai fini mon congé, et serai sûr de n'être plus rappelé. Eh bien, avançons l'époque ; ton grand-père fera ce que tu voudras, et j'aurai facilement une permission, puisqu'on est en paix. J'y gagnerai quelques mois, et quand ce beau monsieur saura ce qui en est, et que M. le maire est si *prochain*, il se tiendra plus à distance.

— Ah ! pour ça, non, répondit Marguerite, au moment où ils arrivaient à l'auberge. Trouve un autre moyen, Jacques ; je ne veux pas de celui-là.

— Tu vois donc bien que j'avais raison ! dit tristement le sagard qui sentait les larmes lui venir aux yeux.

— Mais non, mille fois non, tu n'as pas raison ! Mets, si tu veux, que je n'ai pas envie de te voir partir pour la guerre deux jours après notre mariage.—Voyons, veux-tu te fier à moi? j'arrangerai les choses à ton contentement.

Maurice et Cugny arrivaient; il fallut bien que le sagard se contentât de cette promesse.

— Mon cher M. Jacques, dit le premier, vous m'avez enlevé un plaisir que j'aurais pris de grand cœur, celui de faire jeter dehors le rustre qui avait fait peur à Mlle Marguerite. Mais que diable vous avait-il dit, qui ait pu vous mettre ainsi en colère?

— Oh! répondit Jacques, il avait dit que l'oncle Cugny était un vieux grossier et un *torloca* [1].

— Et tu as pris ma défense ? c'est bien, ça, garçon, s'écria Cugny en secouant vigoureusement la main de son neveu.

---

[1] *Torloca*, injure spéciale au pays, signifie brouillon et vantard.

VI

Maurice, rentré dans sa chambre, mit ses pantoufles, alluma un cigare, et se promena de la fenêtre à la porte et de la porte à la fenêtre. Celle-ci était restée entr'ouverte, car la température était d'une douceur exceptionnelle; et les éclats du cornet à piston arrivaient au jeune homme comme un dernier souvenir de la fête.

Après quelques tours de promenade, Maurice s'aperçut qu'il pensait à Marguerite beaucoup plus que la veille. — Cherchant en arrière dans ses souvenirs, il découvrit que l'examen de son état moral fait la veille aurait accusé le même progrès sur l'avant-veille, et que chaque jour lui rendait plus pénible la pensée du départ. L'architecte dut s'avouer qu'en écrivant à son ami, il avait essayé contre sa conscience un petit plaidoyer destiné à revêtir des couleurs d'un amour de la simple nature et d'une admiration artistique, un sentiment qui n'était pas tout à fait aussi désintéressé.

— Serais-je amoureux de cette petite fille? se demanda-t-il. — Et où diable cela pourrait-il me mener?

Il n'aurait trop su répondre à ces questions. — S'il ne songeait guère à épouser la petite fille de Cugny, il était trop loyal pour penser froidement à la séduire. Il se fit donc à lui-même quelques raisonnements sérieux et se prouva abondamment l'absurdité d'un pareil amour. — Mais l'image de sa jeune hôtesse, avec sa figure douce et son sourire amical et confiant, n'en était pas moins devant ses yeux au moment où il s'endormit.

Pendant ce temps, Marguerite déroulait ses longs cheveux nattés et disposait sa coiffure de nuit. Une simple camisole dessinait sa taille élégante et le vent du soir venait, par sa fenêtre entr'ouverte comme celle de son voisin, caresser des épaules qui n'eussent rien perdu à sortir des robes montantes de la campagne.

Quand elle eut fini sa toilette, la jeune fille, ne songeant plus à dormir, resta appuyée contre son lit, dans une attitude rêveuse. Elle entendait encore, retentissant à ses oreilles, les paroles de son fiancé.

Jusqu'alors, Jacques avait seul occupé les pensées de la belle villageoise, ou pour mieux dire, nul intrus n'était venu prendre au sagard la plus petite part de la place habituelle et tranquille qu'il possédait dans le cœur de sa cousine. Cette place acquise depuis l'enfance, le paisible amoureux n'avait rien fait pour l'agrandir. Il avait confiance en Marguerite, et tout en l'aimant de toute son âme, il n'avait pas essayé d'avancer l'époque de son bonheur. Rien ne dispose un amoureux à la patience comme quinze heures d'un travail journalier et fatigant. Werther, mis à ce régime, ne se fût jamais tué.

Du reste, le sagard n'avait pas eu jusque-là de motif qui pût le faire sortir de sa confiante tranquillité. Il était le plus beau garçon du village si Marguerite en était la plus belle fille. Nul bûcheron ne soulevait comme lui une *tronse* de quatre mètres pour la placer sur les essieux écartés d'un char à bœufs, et il savait manier la hache d'équarrissage de manière à rendre jaloux le plus habile *marnageur*. Sa scierie faisait plus de besogne qu'aucune des scieries voisines, tant le mécanisme en était bien entretenu et les manœuvres rapidement faites. Toutes les mères d'Hermont considéraient le sagard comme offrant à une femme les meilleures garanties de bonheur moral et matériel, et enviaient pour leur filles le fiancé de Marguerite. — En un mot, Jacques n'avait pas de rival à Hermont.

Mais l'arrivée de l'architecte avait troublé la tranquillité du Vosgien, et son affection alarmée prenait une forme moins paisible. — Jacques ne se trompait pas tout à fait en pensant que les paroles dorées du bel étranger gâtaient les oreilles de sa fiancée. Maurice avait éveillé dans l'esprit de la jeune fille un ordre de sensations qui, pour emprunter à la physique une comparaison exacte, étaient chez elle à l'état latent.

Marguerite s'élevait par l'intelligence au-dessus de son entourage villageois. Maurice l'avait senti tout d'abord. Aussi, le ton qu'il avait pris avec sa jeune hôtesse, ton affectueux et simple, n'était-il pas celui qu'il aurait eu avec une autre jeune fille de la même condition. Il respectait en elle l'aristocratie des sentiments qui a parfois ses privilégiés dans les rangs les plus humbles. La jeune fille avait été flattée de l'hommage de l'architecte, et la reconnaissance qu'elle en éprouvait l'eût peut être amenée insensiblement à une affection plus tendre.

Mais ce moment n'était pas venu. Les perfides insinuations du Hardier et plus encore l'affection réelle que Marguerite avait pour Jacques, faisaient sentir à la jeune fille la nécessité d'une détermination rapide. Elle ne voulait pas plus longtemps donner lieu aux soupçons des malveillants et au chagrin de son fiancé. Cependant la crainte de blesser Maurice la faisait hésiter.

La fatigue de la danse l'emporta sur ces préoccupations, et Marguerite s'endormit aux derniers bruits de la fête.

Quand elle se réveilla, le jour commençait à poindre ; l'horloge du *poêle* sonnait quatre heures et demie, et la fraîcheur du matin faisait frissonner les épaules de la jolie paysanne. Elle se leva, confuse de voir qu'elle s'était endormie accoudée sur son lit, et que sa lampe brûlait encore près d'elle.

— Après avoir réparé le désordre de ses vêtements, elle ouvrit tout à fait la fenêtre.

Le soleil n'était pas levé pour la vallée, mais il éclairait la cime des montagnes. Du sommet des sapins se détachaient les vapeurs de la nuit, ondulées par la brise comme les toiles flottantes que les enfants nomment *fils de la Vierge*. La lumière descendait vers Hermont et, à chacun de ses pas sur le flanc des montagnes, faisait scintiller des bandes éclatantes de rosée. Les prairies qui montent entre deux lisières de forêts vers le sommet des collines, tranchaient par une verdure plus tendre sur les masses régulièrement étagées des sapins, masses sombres, mais brillant aux contours des arbres de reflets argentés.

Le village s'éveillait; quelques vaches allaient boire à la fontaine; les paysans, fatigués des excès de la veille, traînaient lourdement leurs sabots sur les cailloux de la route; la cloche sonnait l'angelus; l'air vibrant du matin apportait à Marguerite les coups réguliers de la scie de Jacques et, en prêtant l'oreille, la jeune paysanne pouvait entendre le bruit sourd de la scierie de son père, éloignée de plus d'une lieue. — Cette belle matinée rendit Marguerite pensive. Ces bruits accoutumés lui firent faire un retour sur sa vie tranquille, dont ils avaient accompagné toutes les heures.

Elle se revit enfant, sans sa mère que ses plus vieux souvenirs ne pouvaient lui faire retrouver. — Elle jouait devant la scierie de Malfosse, s'effrayant quand elle regardait trop longtemps tourner la grande roue noire rongée par les mousses. — Le chenal de bois reposait sur de grosses pierres rectangulaires superposées en forme de pyramides et l'eau, s'échappant par chaque joint, formait jusqu'au sol un long rideau transparent qui se prenait l'hiver en stalactites étincelantes. — Quelle joie pour la petite fille quand, le dimanche, le sagard *tournait* l'eau devant la scierie pour boucher avec de la mousse les fuites de son chenal. Alors, dans le trou creusé sous la roue par la chute, restaient captives les ablettes argentées, les *grevelles* au ventre jaune et les *bavards* à tête plate. Quelquefois, une truite malavisée, restée captive pour avoir voulu remonter le courant au lieu de suivre l'eau qui s'enfuyait, montrait sur le sable son flanc noir, tacheté de petits points rouges.

Auprès d'elle, Marguerite voyait la bonne figure souriante d'un grand garçon de dix ans, qui ne la quittait pas plus que son ombre. Il la faisait asseoir sur le *charriot* de la scierie qui l'entraînait doucement; il lui apportait de jolis nids de grives pris sur les branches des sapins, ou des *pots de camp* [1] remplis de *brimbelles*, dont elle se barbouillait jusqu'aux yeux.

Plus tard, elle se vit à l'école, le jour d'une de ses plus grandes émotions, pleurant à chaudes larmes, quand un méchant garçon de quinze ans, re-

---

Pot de camp, pot de fer où les ouvriers mettent leur déjeuner quand ils vont en forêts.

douté de tous, lui arracha des mains l'image que le maître lui avait donnée comme récompense.— Puis elle vit à travers ses pleurs le tyran rouler dans la poussière sous deux poings vigoureux, et Jacques, le nez sanglant d'un coup reçu dans la bagarre, lui rapporter intacte la belle vierge coloriée.

Plus tard encore, au moment où elle portait la robe blanche des communiantes, elle vit des uniformes brodés à la *maison commune*, elle entendit le tambour qui battait, pendant que les mères pleuraient, et que les garçons, gris d'eau-de-vie, et chamarrés de rubans, criaient pour renfoncer les pleurs prêts à sortir. Et, près d'elle, Jacques, le numéro 2 attaché à son chapeau, la figure couverte de larmes et disant : — Ma petite cousine, quand je reviendrai, m'aimeras-tu encore ? Alors, elle se jetait en pleurant dans les bras du conscrit.

Voilà ce que disaient à Marguerite les coups des scieries qui retentissaient monotones comme le tic tac d'une horloge.

Puis, il sembla à la jeune fille que tout ce qu'elle voyait, entendait ou respirait, s'unissait à la voix des deux scies : l'odeur des sapins que le vent apportait de la montagne; la cloche du village avec son angélus; le bruit du ruisseau qui se remuait sur son lit de rochers; le chant du coq qui la réveillait chaque jour; le chat qui grattait à sa porte, la voix des bœufs qui appelaient Caton en mugissant,— tout jusqu'aux meubles de sa chambre : le bois de lit en noyer, scié et poli par Jacques, la fourrure de renard chatouillant doucement ses pieds nus pour lui rappeler Jacques qui l'avait rapportée des forêts : tout cela prenait une voix pour dire à Marguerite : Tu es heureuse avec nous; que cherches-tu de plus?

Des larmes de souvenir et de reconnaissance vinrent aux yeux de la jeune fille; sa résolution était prise.

Un instant après, Marguerite s'habillait, quand sa main tomba sur une lettre ouverte. Elle l'avait reçue pendant les préparatifs de la fête, et n'avait fait que la parcourir. Cette lettre était écrite par sa marraine qui habitait Frâmont, village de la vallée de Schirmeck, séparée seulement de celle de la Maine par le plateau du Donon. La bonne femme invitait sa filleule à venir passer quelques jours chez elle, lui disant que sa toilette de bal pourrait servir pour la fête de Frâmont, qui tombe à l'octave de celle d'Hermont.

Marguerite pensait refuser; mais le hasard qui lui mettait cette lettre sous les yeux lui parut providentiel. — S'éloigner d'Hermont jusqu'au départ de l'architecte était le meilleur moyen de déconcerter les mauvaises pensées et de rassurer l'affection inquiète de Jacques.

Dès que la jeune fille fut habillée, elle descendit près de son grand-père qu'elle trouva, au *poêle*, chiffrant sur une ardoise les bénéfices de la veille, et par suite en belle humeur, car son vin s'était bien vendu.

Quand elle eut formulé sa demande, Cugny resta stupéfait. — Les rôles étaient intervertis, c'était lui qui d'habitude envoyait à grand'peine Marguerite chez sa marraine au moment où il allait passer plusieurs jours en forêt pour reconnaître ses bois ; car au village, un commerçant ferme sans inquiétude boutique pour quelque temps, assuré que ses clients attendront avec patience la réouverture de la porte.

Marguerite fut donc obligée de plaider sa cause, et de donner à Cugny quelques mauvaises raisons que le vieux flotteur détruisait une à une en opposant à la jeune fille ses propres idées de la veille. — Sa plus forte objection était le soin de son pensionnaire qu'il ne pouvait laisser à la vieille Caton. L'architecte, disait-il, n'était pas encore complétement rétabli et pouvait retomber malade. — Marguerite promit en rougissant de revenir dans ce cas. Mais Cugny se fit un malin plaisir de prolonger la lutte, heureux de faire de l'autorité et de taquiner sa petite fille. — Il finit pourtant par se laisser vaincre.

Le départ de Marguerite fut fixé au lendemain matin ; car l'aubergiste, qui avait invité quelques-uns de ses compères à venir achever avec lui la *tarte* de la fête, ne voulut à aucun prix en entendre parler pour le jour même. — Elle promit de revenir le lundi suivant ; mais elle se réservait tacitement de rester huit ou dix jours de plus au besoin, pour ne pas rentrer à Hermont avant le départ de Maurice.

La jeune fille, sortant du poêle, entra dans la cuisine où elle trouva l'architecte, levé à cinq heures du matin et allumant son cigare à une braise conservée sous les cendres.

— Je m'en vais chez le curé, dit-il à Marguerite, car je crois que nos tailleurs de pierre cuvent encore leur vin de la fête. — Vous avez de bien belles couleurs, ce matin, chère Marguerite; je vois avec plaisir que les cris de cette nuit ne vous ont pas ôté le sommeil. Quelles jolies joues roses! Je ne partirai certes pas d'Hermont sans avoir fait votre portrait.

— Alors, dépêchez-vous, monsieur Maurice, car vous n'avez peut-être qu'aujourd'hui.

— Comment cela? demanda l'artiste surpris.

— Oui. Je pars demain matin pour huit jours.

— Bah! dit Maurice en laissant tomber son charbon; ce que vous dites là n'est pas sérieux.

— Mais très-sérieux, monsieur Maurice; seulement, je ne vais pas loin, car il ne me faut que deux heures pour être au bout de mon voyage.

Cugny et Jacques entraient à ce moment par deux portes différentes, l'un pour allumer sa troisième pipe; l'autre sous le prétexte spécieux d'acheter quelques litres de vin à son oncle : mais réellement pour chercher à voir sa cousine et savoir si la nuit avait porté conseil.

— Eh bien! vous voyez une gaillarde qui prend goût à la danse, dit Cugny aux deux jeunes gens.
— Savez-vous que mademoiselle part demain matin pour la fête de Framont ? Elle qui ne voulait pas venir hier au dansoir. Diantre soit si je pourrai jamais rien comprendre à ces *bacelles*. Aujourd'hui c'est blanc; demain c'est noir.

Marguerite, appuyée contre le buffet, la tête baissée et les joues rouges, chiffonnait son *devaintrier*[1] de serge brune. Jacques, comprenant la cause du départ de sa cousine, avait une figure radieuse et jetait de son côté des regards reconnaissants. Maurice, déconcerté, cherchait à garder un maintien indifférent. La voix de Cugny sonna creux,

---

[1] *Devaintri, devaxtrier;* tablier, vêtement de devant.

comme il aurait pu dire, c'est-à-dire que personne ne lui répondit.

— Tiens, dit-il, vous êtes bien peu bavards. — Mais je vois ce qui vous manque : un lendemain de fête, il faut boire le coup du matin ; y venez-vous avec moi.

— Je vous remercie, Cugny, répondit Maurice, je suis attendu chez le curé.

L'artiste s'esquiva : mais il resta peu chez son élève, et passa une partie de la matinée à tracer un appareil de voûtes sur un des murs de l'église blanchi à cet effet.

Il vint dîner à midi, et Marguerite lui servit son repas en cherchant à être naturelle et gaie comme de coutume. — Maurice eût bien voulu lui parler, mais Caton s'obstina, contre son habitude, à rester au *poêle*, frottant les assiettes qui avaient servi la veille. Puis Cugny rentra du bois. Enfin Maurice ne put un instant trouver seule sa jeune hôtesse, ni même fixer ses yeux sur les siens, car Marguerite semblait se faire un malin plaisir de détourner ses regards dès que la figure de l'architecte sortait de son expression accoutumée.

Il retourna donc de mauvaise humeur à son travail, et mena rageusement ses épures qui avaient le mérite de tuer le temps et d'avancer le moment de son départ; car, Marguerite absente, il ne se sentait pas le courage de rester une heure à Hermont.

VII

Le soir, Cugny réunissait à souper ses compagnons de la veille. Maurice, devenu l'ami de la maison, avait accepté l'invitation de son hôte. — Le repas fut bruyant. L'architecte fit ce qu'il put pour être gai et répondre aux politesses de ses amis villageois. Dès le commencement du repas, Cugny avait porté la santé du Parisien, santé qui avait été acclamée par tous ; les verres s'étaient choqués vigoureusement, puis on avait bu à la santé du curé et des amis absents, et successivement à celle de toutes les personnes présentes.

Marguerite avait sa place à table : mais elle l'occupait rarement. Sans cesse debout derrière les convives, la jeune fille veillait à ce qu'il ne manquât rien aux hôtes de son grand-père. Le sagard avait retrouvé son bon appétit, mais restait silencieux suivant sa coutume.

Quand le souper fut fini, les chandelles étaient allumées depuis longtemps. Les soirées de mai sont souvent fraîches dans les Vosges, et comme il n'y avait pas de feu au poêle, on rentra dans la cuisine où chacun alluma sa pipe aux branches sèches qui flambaient sous le manteau de la cheminée. Puis on entoura l'âtre de chaises ou d'escabeaux. Marguerite reprit sa broderie, la Caton sa quenouille, et tout le monde s'assit en rond.

— Tiens! dit Cugny, nous voici en *conairaidge,* quoique le dimanche des *Bures*[1] soit passé. Si

---

[1] Le dimanche des *bures.* — Les *bures* ou *brandons* sont des feux de joie que les paysans allument le premier dimanche de carême sur les montagnes voisines du village, dans des lieux consacrés à cet emploi, et qui portent en général le nom de roches de la *Bure* ou de: la *Bure.* M. Richard, dans son intéressant ouvrage sur les superstitions lorraines (Remiremont, 1848), a consacr

quelqu'un nous contait une *fiauve* ¹ *!* Voyons, père Jambique, vous qui savez toutes les vieilles histoires de la contrée, racontez-nous voir quelque chose.

— Je veux bien, répondit Jambique, vieux paysan dont la figure grêlée ressemblait à une écumoire. Je vas vous conter, si vous voulez, la *fiauve* du père *Blaison* ².

— Va pour celle-là, repartit Cugny en souriant : je la connais déjà, mais les autres ne la savent peut-être pas.

Cugny, tout villageois qu'il fût, pratiquait la politesse, car il avait entendu cette histoire plus de vingt fois.

— Il n'y a pas de *sotrés,* interrompit Caton ; moi d'abord, j'ai peur.

— Sois tranquille, ma fille, répondit Cugny, tu es trop vieille pour qu'ils te mangent.

Jambique ôta sa pipe de sa bouche, cracha

---

une longue étude à cette coutume des Bures et à celle des *Fasche-nottes,* fêtes dont il fait remonter l'origine au paganisme. — Les veillées cessent ordinairement à cette époque de l'année.

¹ *Fiauve,* histoire, conte.
² *Blaison,* familier pour Blaise.

dans le feu, et allait commencer, quand la porte s'ouvrit et donna passage à un nouveau venu.

Ce personnage, à figure sournoise, grand, mince, monté sur de très-longues jambes, était vêtu du costume des paysans et portait des souliers ferrés dont l'état indiquait une longue marche dans des chemins boueux. Il ne parut pas exciter une vive sympathie parmi les hôtes de l'auberge des flotteurs.

— Mais il était probablement habitué à la froideur de cet accueil, car il ne sourcilla pas et s'avança vers le foyer en disant :

— Bonsoir, monsieur Cugny et la compagnie. J'ai vu de la lumière à la fenêtre et je suis entré pour vous demander un verre de vin et une *cauille* de pain et de fromage.

— Tu sais bien, *Christon*[1], qu'on ne donne pas à boire ici après le coup de huit heures, répondit Cugny ; mais, comme te voilà entré, je ne veux pas te mettre à la porte. Caton, apporte une choppe à Christon ; il la prendra ici, puisqu'il n'y a pas de *clarté* au poêle.

---

[1] Christon. — Christophe.

Caton se leva pour exécuter les ordres de son maître.

— As-tu du tabac à vendre, Christon? demanda Jambique.

— Non, répondit Christon qui s'était assis et se chauffait les mains; le métier ne va plus.— Il n'y a rien à faire, les routes sont trop bien gardées.

— Ça n'est pas malheureux avec des gaillards comme toi, dit Ruyer, le brigadier forestier.—Il n'y a pas six mois que tu as été trois semaines à Saint-Dié [1] pour contrebande; et je gagerais, à la couleur de tes souliers, que tu arrives encore d'Alsace. — Leur boue est blanche, et pas rouge, comme la nôtre.

— Oh! pour ça, non; monsieur Ruyer, répondit Christon, sans se formaliser du ton méprisant du fonctionnaire. Je viens de Senones et de Schirmeck, où j'ai cherché de l'ouvrage. Je voudrais rentrer dans les fabriques.

— Ma foi, s'ils te prennent, c'est qu'ils seront bien embarrassés d'en trouver d'autres, répliqua le

---

[1] *Trois semaines à Saint-Dié*, c'est-à-dire en prison, à la sous-préfecture.

garde. — Voyons, Jambique, si vous commenciez votre histoire.

— J'y suis, dit Jambique, pendant que Caton servait le contrebandier sur le coin de la table de la cuisine.

— « Pour lors, commença le paysan, il n'y en a pas un de vous qui ne connaisse la ferme de Malpré, qui est à la *carre* des bois de la Basse-Feigne. — Il y a trente ans, un peu plus, un peu moins, cette ferme était tenue à bail par un brave homme appelé Blaison, pour un propriétaire qui était le père de M. Gérôme, du Vieux-Mesnil.

« Blaison était un fort ouvrier; et sa femme, qui avait élevé huit enfants, était bien la plus honnête et la *plus meilleure* ménagère qu'on *eusse* pas vue dans la contrée. Aussi, tout allait bien à Malpré. — Blaison travaillait dans les bois, et gagnait trente sous par jour, ce qui était une grosse journée pour l'époque; la femme soignait les enfants, bêchait les champs et faisait, avec le lait des trois vaches qu'ils avaient à eux, des fromages qui n'avaient pas leurs pareils dans le pays.

« Les Blaison n'étaient pas ce qu'on peut dire des

gens riches, — mais ils *se défendaient* bien, et mettaient un peu d'argent de côté dans les bonnes années.

Mais le bon Dieu voulut un jour qu'il leur arrivât un gros malheur : Blaison, en abattant un sapin dans la forêt, le fit mal tomber et le reçut sur le corps. On le rapporta à la maison avec une jambe cassée. Blaison, qui craignait de ne pas gagner son pain et de rester à la charge de sa femme, ne voulut jamais laisser le médecin se servir de sa scie. — Il lui vint *du mauvais mal* et il mourut après quelques jours.

« Quand on eut mis le *paure* homme en terre, la veuve envoya le deuxième de ses enfants *querre* son aîné, qui était descendu dans la plaine avec une flotte. Ce garçon-là s'appelait Nicolas de son *titre;* mais on le disait partout *Colon.* Il allait sur dix-neuf ans et apprenait le métier de flotteur. Il avait mieux aimé ce métier-là que celui de son père, parce que, sans être ce qu'on peut appeler un mauvais garçon, il aimait à être libre et à n'en faire qu'à sa tête. — Et ce n'est pas pour vous que je dis cela, père Cugny — mais *les gens de Ravon*[1] sont plus tapageurs que ceux de pas un endroit des Vosges. Comme ils sont toujours hors de chez eux, ils ne craignent pas les propos et font du bruit où ils se trouvent, sans penser à ce qui en arrivera. »

— Va toujours, répliqua Cugny, les flotteurs valent bien les bûcherons.

Le paysan continua :

« Cette vie-là plaisait à Colon ; mais la veuve, qui était une femme de grand sens, lui fit comprendre qu'il devait rester à la maison pour tenir la place de son père et l'aider à élever les petits. — Colon revint donc à Malpré, et travailla dans les bois comme bûcheron. Mais il n'avait pas perdu la coutume de voir ses camarades et allait souvent au Vieux-Mesnil où on *lie* beaucoup de flottes. Ces jours-là, il revenait tard, et l'argent de la quinzaine ne rentrait pas entier dans le ménage. — La mère ne disait rien ; mais on ne mangeait plus de lard avec le *hoch* et tous les fromages se vendaient,

---

[1] *Ravon*. Raon-l'Étape, port de flottage le plus important des Vosges.

au lieu qu'il en restât quelques-uns à la maison.

« Un soir, la veuve attendit pourtant Colon pour lui parler comme c'était son devoir. Le garçon revint dans la nuit, *chamboulant* à cause du vin.

« — Colon, que lui dit la mère tout *bôlement* ¹, tu n'as pas apporté d'argent depuis un mois. Nous devons payer à M. Gérôme notre ferme à la Saint-Georges. Il faudra, si tu ne t'amendes, que *j'appelle le juif* pour une de nos vaches.

« Colon se tint pendant huit ou dix jours et travailla au bois. Mais il y rencontra encore des camarades. — Quand l'ouvrier se met à boire, il en a partout. — A la Saint-Georges, le juif emmena la vache, et vous pouvez penser qu'il ne prit pas la plus mauvaise.

« Les deux autres s'en allèrent de même; alors le malheur vint tout à fait dans la maison; et, un soir, Colon qui rentrait gris, trouva ses *seurottes* ² qui criaient en demandant du pain.

« Cette même nuit, la veuve, qui ne dormait pas et qui pleurait dans sa chambre, entendit la porte

---

¹ *Bôlement*, doucement.
² *Seurotte*, petite sœur.

de la maison s'ouvrir, quoiqu'elle eût poussé le verrou avant de se coucher; non pas qu'il y eût des voleurs dans le pays, mais crainte des *sotrés* qui s'amusent avec les portes ouvertes. Quelqu'un marcha dans la cuisine et dans le *poêle ;* puis elle entendit monter l'escalier et les pas aller vers la chambre de Colon.

Sainte Vierge, que pensa la veuve, qui n'avait plus de sang dans les veines, c'est le pas de mon pauvre homme.

» La veuve comprit que le défunt en voulait à son fils. Elle prit courage, sachant qu'elle avait été une honnête femme ; elle ralluma le *heurchat* et courut chez Colon.

» Tout en entrant, elle entendit un bruit comme celui d'un soufflet.

» Colon était seul dans sa chambre, assis sur son lit, et sa figure faisait peur à force qu'elle était pâle. Il se mit de face pour regarder sa mère avec des yeux qui lui sortaient de la tête.

» — Mon Dieu donc, Colon, s'écria la veuve, comme tu as la joue rouge !

» — Je suis mort ! ma mère ! que dit Colon, — le père est venu et m'a donné un soufflet !

» La veuve se mit à genoux et pria Dieu pour son fils. Après, elle lui baigna la joue dans l'eau fraîche; mais Colon la sentait toujours brûler et rien ne lui faisait.

» Le lendemain, l'endroit du soufflet était encore plus rouge que la nuit. Colon descendit au village, car il n'aurait plus osé coucher dans la maison. Il s'engagea auprès d'un flotteur qui liait sa flotte pour *Ravon*.

» Quand la flotte fut à la descente de *la vanne* du moulin de Mesnil, celle dont *le glissoir* est si raide, le flotteur sauta au bord pour lever la portière, et Colon resta sur la flotte. Mais comme il passait courbé en deux, son camarade reçut une secousse dans le bras comme celle d'un coup de bâton, à ce qu'il raconta ensuite. — Il lâcha le bras du tourniquet qui lève la vanne. Colon, qui était justement dessous, fut écrasé sur la flotte. »

L'histoire était finie. — La grosse Caton, qui serrait contre Ruyer, s'écria :

— C'est-il Dieu possible que les morts reviennent comme cela pour tourmenter les vivants ?

— Oui, Caton, mais seulement ceux qui font du mal, répondit Cugny. — Ainsi, ma fille, tu n'as besoin de rien craindre tant que tes assiettes seront propres et que tu ne mettras pas trop de sel dans notre soupe. — Mais va voir ouvrir la porte; on étouffe ici, continua l'aubergiste au milieu de l'hirité générale.

Caton obéit, mais revint le plus tôt possible dans le cercle éclairé par le feu.

Cependant le contrebandier murmurait entre ses dents:

— *C'ot lé fiauve d'in rouche pouhé* [1].

Puis il reprit:

— Voulez-vous que je vous en conte une qui n'est pas vieille, car on me l'a dite l'autre soir à Schirmeck.

— Conte, si tu veux, mais tâche de te rappeler

---

[1] *C'ot lé fiauve d'in rouche pouhé*. — C'est l'histoire d'un cochon rouge. — C'est une histoire qu'on a entendue cent fois. — Proverbe vosgien.

qu'il y a ici des oreilles qui ne peuvent pas tout entendre, répondit Cugny qui se défiait de son hôte.

— Soyez tranquille, dit Christon.

Le contrebandier acheva sa choppe et commença un récit que nous ferons pour lui, car ses plaisanteries avaient à un trop haut point le goût du terroir.

QUI EXPLIQUE L'ORIGINE DE LA MALADIE DES POMMES DE TERRE.

« Un jour, le grand saint Radulphe qui, comme chacun sait, fut évêque d'abord, puis moine bénédictin, et fonda, il y a plus de mille ans, l'abbaye de Thanmoutiers, regardait du haut du ciel le pays qu'il habitait pendant sa vie. — Il faisait beau temps, c'était un jour d'automne, et le saint voyait des champs jaunes et des près verts, où il n'avait connu que bruyères et landes.

Or Radulphe, en sa qualité de saint, n'avait plus rien à désirer. Cela est toujours fâcheux, parce que les désirs occupent l'esprit, et c'est quand l'esprit est inoccupé que viennent le plus souvent les mauvaises pensées. — Le saint, ne pouvant plus rien espérer, revint donc en arrière, et se mit à regretter le temps où ses vénérables reliques n'étaient pas dispersées chez toutes les dévotes des quatre points cardinaux, mais habitaient un corps humain ; quand, dans son abbaye entourée de bois, il régnait sur la vallée et la montagne.

— Par le chef de saint Benoît, mon patron, se disait-il, les coquins qui vivent là-bas me semblent bien heureux. On ne leur distribue plus de soupes à la porte des couvents ; mais, quand ils bâtissent, c'est pour eux, et non plus pour le seigneur qui leur payait la pose de chaque pierre à coups de bâton. Ils mettent des vitres aux fenêtres de leurs maisons, ce qui est un grand luxe que nous osions à peine donner à l'église de notre abbaye. La nature me semble plus belle que de mon temps, et les hommes sont certainement plus heureux. — J'aimerais bien à voir la chose d'un peu plus près.

En ce moment, il était midi dans les Vosges.

Devant toutes les portes, les enfants et les vieilles lavaient ou épluchaient des pommes de terre ; à toutes les crémaillères, les femmes pendaient la marmite aux pommes de terre ; sur toutes les tables,

les hommes se préparaient à manger des pommes de terre.

Une immense odeur de cuisine monta vers Radulphe qui n'y reconnut rien, parce qu'il s'était écoulé plus de deux cents ans depuis qu'il n'avait mis la tête à la fenêtre; et que, la dernière fois qu'il avait vu les Vosges, c'était avant la venue des Suédois, et la pomme de terre[1] n'y était pas connue. Il n'en fut que plus intrigué.

Cependant le bon Dieu passa près du saint, et comme il n'est pas de secret pour lui, il lut facilement ses pensées.

— Radulphe, lui dit-il, tu es resté curieux et c'est un défaut. — Mais va là-bas, puisque tu en as envie, et reviens me dire si les pauvres gens sont plus heureux qu'autrefois.

Le bon Dieu s'éloigna. — Radulphe avait à peine eu le temps de lui dire merci, et sauta de joie quand il ne fut plus là.

Quoique le saint eût l'éternité devant lui, il ne

---

[1] Les Suédois ont apporté dans les Voges la culture de la pomme de terre.

perdit pas une minute. — Il emprunta la blouse bleue du père Job qui. avait été un saint pauvre diable ; puis il alla trouver Antoine, et obtint à grand peine qu'il voulût bien lui prêter son cochon. Radulphe avait remarqué que les marchands de cochons étaient bien reçus dans les Vosges. — Saint Pierre ouvrit la porte du paradis, et Radulphe descendit à terre sur une étoile filante.

Voilà donc notre saint dans les Vosges. Il était tombé sur un petit chemin entre deux côtes, qu'il fallait gravir pour arriver aux maisons.

— L'étoile aurait bien pu me déposer ailleurs, pensa-t-il. — Puis il se mit à grimper; mais il n'était plus habitué à la fatigue, et il faisait un soleil qui lui donna bientôt soif. L'animal tirait aussi la langue et regrettait son maître Antoine, qui restait toujours au frais dans sa caverne, et ne le faisait jamais marcher.

Radulphe commençait à être embarrassé, car il ne voyait pas d'habitations, quand il aperçut un vieux paysan qui bêchait des pommes de terre.—Ce vieux avait une figure si ridée, si ridée qu'on ne distinguait plus ni ses yeux ni sa bouche; mais une infinité de plis qui se ressemblaient tous. Il portait un vieux pantalon, rapiécé de vingt couleurs, et c'était presque son seul vêtement ; car sa chemise avait plus de trous que d'étoffe. Il était tout courbé par l'âge et *grimolait* [1], entre ses gencives dégarnies, contre le soleil et la fatigue.

— Voilà un brave homme qui ira en paradis, se dit Radulphe qui pensait naturellement à l'évangile sur les pauvres.

Et il lui demanda où il pourrait trouver à boire.

— Le vieux lui indiqua le chemin du village ; puis il tendit sa main noire pour que le voyageur y mît un sou.

Radulphe fouilla dans ses poches. Mais il n'y trouva pas un liard : les saints n'ont que faire de cette monnaie. — Le vieux avait toujours la main tendue.

Le voyageur regarda le ciel comme il est convenu que nous devons faire quand nous nous trouvons embarrassés. Si ce moyen sert peu aux hommes, il n'en est pas de même pour les saints, et Ra-

[1] *Grimoler*, Grommeler

dulphe vit entre deux nuages l'oreille du bon Dieu.

— Seigneur, dit-il dans la langue du paradis que le gueux ne pouvait comprendre, voulez-vous accorder à ce pauvre la première demande qu'il vous fera ?

— Je veux bien, répondit le Seigneur.

Radulphe abaissa les yeux vers le mendiant.

— Écoute, mon brave, lui dit-il, je n'ai pas d'argent, mais je vais te donner un bon conseil.

— Ma foi, grogna le vieux de mauvaise humeur et pensant sans doute que le voyageur se moquait de lui, vous vous trompez bien si vous croyez que les pauvres gens ont du temps de reste pour causer. Je voudrais que vous fussiez à ma place...

Le pauvre n'avait pas fini de parler, que Radulphe sentit ses jambes fléchir sous lui ; ses reins se courber et devenir douloureux ; ses gencives, vides de dents, se heurter en se rejoignant. — Ses mains ridées tremblaient en serrant le manche d'un *fosseu* [1] ; ses yeux ne voyaient plus la terre qu'à travers un brouillard. — Puis il entendit un grand

---

[1] *Fosseu*, bêche recourbée, pioche à faire les fosses.

éclat de rire. — Sa propre figure était devant lui et lui riait au nez. — Le paysan était le diable, qui avait pris ce vieux corps pour jouer une niche au saint. Le souhait était exaucé, et Radulphe était à sa place.

— Va maintenant, beau saint, lui dit Satan ; bêche tes pommes de terre et assaisonne-les le mieux que tu pourras. — Moi je vais faire le gentilhomme dans ta peau, qui est plus neuve que celle que je te laisse.

Satan s'en alla en chantant, et Radulphe resta dans son nouveau corps. — Il essaya de lever les yeux vers le Ciel, mais ses reins étaient si voûtés qu'il ne pouvait plus y parvenir. Il se coucha sur le dos dans la terre humide et tâcha de voir quelqu'un de ses amis qui pût prévenir le bon Dieu de sa mésaventure. — Mais il s'aperçut que ses yeux étaient devenus aussi mauvais que ceux des autres hommes, c'est-à-dire qu'ils ne voyaient que ce que nous voyons tous, et même un peu plus mal, parce qu'ils étaient très-vieux.

Radulphe s'assit sur une pierre et se mit à pleurer. Pour comble de malheur, il sentit une grande faim et pensa naturellement que le diable n'avait pas mangé depuis longtemps.

Cependant l'ami d'Antoine, qui flairait le vrai saint, était resté près de lui. Comme la course l'avait mis en appétit, il fouillait le sol avec son groin et en tirait des pommes de terre qu'il croquait à belles dents.

Avant de se résoudre à l'imiter, Radulphe fouilla dans un bissac troué qu'il avait sur le dos et en trouva quelques-unes de cuites. — Ce soir-là, l'ancien évêque lia connaissance avec la pomme de terre et fit le plus mauvais dîner dont il pût se souvenir. Il coucha dans une baraque qui était au bout du champ et y grelotta toute la nuit.

Le lendemain, Radulphe n'avait plus de pommes de terre cuites et personne ne passait sur le sentier à qui il pût demander du pain. Il prit donc son *fosseu* et, à grand peine, arracha de la terre de quoi vivre quelques jours. Puis il mangea sa triste pitance et fit une prière à Dieu pour qu'il le tirât de là le plus tôt possible.

Au bout d'une semaine, le pauvre Radulphe béchait encore au soleil, les reins brisés par la fatigue.

— On m'a oublié là-haut, pensait-il.

— Eh bien, beau saint, cria derrière lui son ancienne voix; comment va l'appétit? Aimes-tu les pommes de terre?

Radulphe voulut essayer de rendre à Satan un peu du mal qu'il en avait reçu.

— Excellentes, répondit-il; je ne voudrais plus manger autre chose.

— Bah!

— Oui. Tu ne savais pas la manière de les assaisonner.

Satan est gourmand. — Il crut que le saint avait découvert quelque sauce nouvelle; et le bon souvenir qu'il avait gardé de la cuisine des couvents lui fit souhaiter de connaître cette invention.

— Comment fais-tu? demanda-t-il.

— Attends, répondit Radulphe, tu vas en goûter une.

Le saint rentra dans sa baraque et fit le signe de la croix sur une grosse pomme de terre.

— Tiens, goûte, dit-il au diable; à l'œil elles

ressemblent aux autres; mais au goût tu sentiras la différence.

Satan porta goulûment à sa bouche la pomme de terre bénite, et se brûla si fort qu'il la jeta loin de lui en poussant un grand cri.

Radulphe éclata de rire à son tour.

Or, toutes les fois qu'il arrive une avanie au diable, il y a par contre-coup un redoublement de joie au paradis. — Le bon Dieu s'aperçut que les chœurs des anges étaient plus bruyants que de coutume. Il regarda sur la terre.

— Allons, dit-il, en voyant le piteux état de Radulphe, mon vieux serviteur était curieux; mais il a été assez puni, et je lui pardonne en faveur du bon tour qu'il vient de jouer à mon ancien archange.

Aussitôt Radulphe fut enlevé au ciel sur un brouillard qui se formait en ce moment.

— Eh bien! dit le bon Dieu au saint quand il eut dépassé la porte du paradis, crois-tu que les pauvres gens méritent moins le paradis maintenant qu'autrefois?

Radulphe ne répondit rien et se promit de rester coi à l'avenir.

Mais la pomme de terre que Satan avait mordue n'était pas bien cuite; elle germa, et un paysan mal avisé se servit de ce plant pour faire de la semence.

Depuis ce temps, les pommes de terre sont malades. On ne sait pas reconnaître cette graine maudite qui est mélangée avec la bonne ; et c'est pour cela que souvent la moitié d'un champ se porte bien, quand l'autre se gâte sans qu'on y puisse rien faire. »

Au moment où le contrebandier achevait son histoire, la porte, restée ouverte, donna entrée à un personnage au-devant duquel alla aussitôt le maître de la maison.

— Eh bien ! Christon, dit le nouveau venu qui n'était autre que le curé, je viens de t'entendre, sans le vouloir, du banc qui est devant la porte. — Voilà une histoire qui ne fera pas plus grande ta part de paradis, mon garçon.

— Ma foi, monsieur le curé, répondit Christon un peu confus, je ne l'ai pas contée pour avoir des indulgences.

— Tant pis pour toi, Christon, car tu en aurais besoin plus qu'un autre, repartit Ruyer, qui n'aimait décidément pas le contrebandier. Ta *fiauve* n'était pas sotte : mais il y a des choses dont il ne faudrait pas rire.

— Ça porte toujours malheur, ajouta Cugny. Mais asseyez-vous, monsieur le curé, et chauffez-vous un peu. Si nous avions pu savoir que vous étiez là!

— Oh! ça ne vaut pas la peine, mes amis, répondit le prêtre, en prenant la chaise que lui offrait Caton. — Je venais seulement dire en passant à M. Maurice de ne pas compter sur moi demain matin: le curé de Mesnil est malade, et me fait prier d'aller dire à sa place une messe de morts. Quand je suis arrivé devant la porte, j'ai entendu Christon raconter et j'ai craint de vous déranger en entrant avant la fin. — Mais je vous gêne, je vais m'en aller.

— Vous ne me gênez pas du tout, M. le curé, répondit Cugny; et tenez, pour vous le prouver, nous allions prier Ruyer de nous conter une histoire de l'invasion, lui qui a été avec Wolf [1]. M. Maurice verra que nous n'avons pas trop mal reçu les Cosaques dans notre pays.

— Je conterai ce que vous voudrez, répondit le garde. Voulez-vous l'histoire du château de Stein ?

— Oui! oui! répondit en chœur l'assistance.

Cependant Christon, un peu piqué du mauvais succès de sa narration, demanda son compte, dit bonsoir à la compagnie, et se remit en route.

— Un véritable oiseau de nuit, dit Ruyer, quand le contrebandier fut dehors; toujours sur les chemins quand il ne fait plus clair. Encore un mauvais gueux, avec son air matois. — Eh bien, mes amis, si vous y êtes, je commence.

M. Maurice qui est étranger au pays, ne connaît

---

[1] *Wolf*, paysan vosgien, qui a fait la guerre de partisans, en 1815 et 1816, dans les montagnes de Schirmeck.

pas le château de Stein. — Je m'en vais lui dire comment il est posé, pour qu'il puisse comprendre le fin mot de l'histoire :

« Il n'en reste qu'une vieille tour, sur une grosse roche, contre la route, au bout de la vallée du côté de la Meurthe. — Au-dessous de la route, la Maine coule entre deux rochers, où elle est si serrée que les flotteurs ont du mal à y passer. — La flotte est entre deux murs de pierre, et quelqu'un qui tomberait là, serait perdu sans pouvoir se rattraper à rien. Il s'y est encore tué un homme l'hiver dernier.

» A deux cents pas de la tour, il y a un pont sur la rivière, qui est si étranglée que le pont n'a pas huit pas de large. Figurez-vous un trait de scie dans une roche, vous aurez idée du passage au-dessous de Stein.

» Pour lors, si M. Maurice a compris, je m'en vas conter l'histoire. »

Maurice assura qu'il comprenait, et le garde reprit :

« En 1815, j'avais seize ans, et je travaillais dans les forêts du Vieux-Mesnil, dont je suis né natif. J'apprenais le métier de bûcheron. On ne me donnait pas encore beaucoup de sapins à couper, car vous savez tous que ça ne se confie pas aux apprentis, mais j'ébranchais des arbres et faisais des portions pour *l'affouage*.

Pour lors, on payait le sucre quatre francs la livre, manière de faire enrager les Anglais, comme nous l'avait expliqué notre maire ; et il y avait beaucoup de famille en deuil dans nos villages, car les Vosgiens ne s'épargnent pas là ou ça chauffe, et ils avaient suivi l'empereur dans les quatre coins du monde.

C'était donc un jour du mois de septembre, — je travaillais dans une coupe de ce côté du Mesnil, avec un vieux bûcheron qu'on appelle le père Bambocheur, parce qu'il ne détestait pas le vin blanc ni le rouge. Mais c'était un rude travailleur pour ses soixante ans. Il avait été trop vieux pour partir, mais son fils, un garçon de vingt ans, était resté à Moscou. — Le père Bambocheur n'avait rien dit en apprenant la nouvelle ; mais depuis cela, ses bras devenaient moins bons.

Il pouvait être cinq à six heures du soir, j'étais en haut d'un sapin, quand Bambocheur me cria : — Ohé, Pierrot ! viens voir en bas.

Je descendis et trouvai un gamin du village avec le bûcheron. C'était le petit d'une de ses filles.

— Dis donc, que me dit le Bambocheur, sais-tu ce que me dit le petit ?

— Non, que je répondis.

— Eh bien ! les Cosaques sont au Vieux-Mesnil ?

— Les Cosaques !

Nous savions bien qu'on avait vu les alliés dans les vallées de Schirmeck et de Celles ; que même les hommes de Wolf en avaient tué quelques-uns à l'entrée de Rothau ; mais notre vallée ne mène à nulle part aussi vite que la vallée de Celles, et nous pensions ne jamais en avoir chez nous.

— Combien qu'ils sont, Jean ? que dit Bambocheur.

— Je ne sais pas, répondit le petit ; mais ils sont beaucoup. Nous étions sur la place quand ils sont arrivés. « Va le dire au *Pampy ; — hâte-toi courant,* » que m'a dit ma mère.

— Allons voir, que dit Bambocheur.

Le bûcheron jeta sa hache sur son épaule et nous descendîmes à Mesnil.

Les Cosaques étaient arrêtés au *Cheval blanc,* ils

avaient rentré leurs chevaux dans l'écurie. — Le père Bambocheur passait près de la fenêtre, pour regarder par les carreaux ; mais l'aubergiste, Jacquot, qui était derrière sa porte l'arrêta.

— Prends garde, lui dit-il ; il y en a un qui guette et qui a voulu donner un coup de lance à Collé qui faisait comme toi.

— Ah! c'est différent, dit Bambocheur. Est-ce que ta fille est là-dedans, Jacquot?

— Non! j'ai eu le fin nez de la faire partir avec ma femme, dès qu'ils sont arrivés

— Combien qu'ils sont?

— Dix-huit, avec un officier.

— Bon! Est-ce qu'ils couchent ici ?

— Je le crois, leurs chevaux ont fait une longue course.

— Sais-tu où ils vont?

— Oui, il y en a un qui parle l'alsacien et qui m'a demandé la route de Saint-Dié.

— Bon! que dit encore Bambocheur. Sais-tu où est Collé?

— Oui, il est rentré chez lui avec le père Jean-Louis; tout le village est rassemblé là. Si ce gueux d'Alsacien ne m'avait pas dit qu'il mettrait le feu à la maison au cas où je m'en irais, j'y serais bien aussi, car j'ai idée qu'ils manigancent quelque chose.

— Dis donc, Bambocheur, j'avais envie de mettre de la mort aux rats dans leur eau-de-vie ; mais ça aurait pu porter malheur à mon auberge, n'est-ce pas ?

— Tu as raison, Jacquot ; ils sont chez toi, tu ne peux rien contre eux. Sais-tu si notre maire est ici ?

— Non, il est allé à Celles ; — mais je vais les servir, les voilà qui font tapage.

En effet les Cosaques frappaient sur la table avec leurs bouteilles. Jacquot disparut, et Bambocheur, après avoir écouté un moment, entra chez Collé où je le suivis.

Il y avait une nombreuse réunion dans la cuisine. Collé, je dis cela pour M. Maurice, car vous l'avez tous connu, était un marchand de bois, qui avait fait fortune, mais qui était un homme juste et pas fier avec le pauvre monde. — Lui aussi, avait eu un fils pris par la conscription et qui n'était pas revenu.—

Il y avait là le père Jean-Louis, un vieux soldat qui

avait laissé une jambe en Allemagne; puis d'autres, le maître d'école; cinq ou six bûcherons; des cultivateurs, et quelques vieux presque incapables de marcher qui avaient suivi leurs fils jusque-là. — Il n'y avait pas de femmes, sauf une ou deux vieilles; car, paraît-il, quand les Cosaques étaient arrivés, comme ils voulaient descendre chez les habitants, Collé avait pris sous son bonnet d'aller leur dire qu'on payerait leur dépense à l'auberge, et, pendant qu'ils rentraient leurs chevaux, on avait envoyé les femmes et les enfants dans les scieries de la montagne. Il pouvait y avoir dans la cuisine de Collé une trentaine de personnes, et ça faisait à peu près tous les hommes du village, car il n'était pas si peuplé alors qu'aujourd'hui, et la guerre en avait pris le plus clair.

— Ah! voilà Bambocheur, dit Collé quand il nous vit entrer. — Arrive, mon garçon, nous n'attendions plus que toi. Eh bien! qu'est-ce que tu dis de la visite?

— Je dis, répondit Bambocheur, qu'il faut leur faire un assez bon accueil pour qu'ils restent ici pour longtemps, ces brigands de Cosaques.

— C'est aussi notre avis, dit Jean-Louis ; seulement, ce ne sont pas des Cosaques, mais des Allemands. Va toujours, ça revient au même, et j'aime encore moins ceux-là : ils ont été avec nous, et nous mordent à présent comme des roquets qu'ils sont.

A ce moment-là, Jacquot l'aubergiste entra tout en désordre.

— Je viens de me sauver, dit-il ; tant pis s'ils brûlent la maison : il n'y a plus moyen de tenir la place. — L'officier m'a fait demander si je n'avais pas de femmes chez moi, et, comme je lui répondais que non, il m'a montré une jupe de ma fille pendue au poêle et m'a jeté une bouteille à la tête.

— Si nous allions les enfumer comme des renards? dit Jean-Louis.

— Et ma maison! cria Jacquot.

— Il s'agit bien de ta maison. L'empereur en a brûlé bien d'autres : on te la paiera, ta maison!

— Ça n'est pas ça, dit Collé, ne perdons pas de temps. Si nous les attaquions chez le Jacquot, nous serions battus, car ils ont tous des fusils. Mais j'ai mon idée, attendez seulement.

— Moi aussi, que dit Bambocheur, j'ai mon idée.

— Voyons, dit Collé, combien y a-t-il de vous qui aient des fusils ?

Six hommes levèrent la main.

— Bon, et moi deux, qu'il dit, ça fait huit ; c'est assez. Allez les chercher et venez tous avec moi. Je vas vous mener dans un endroit où nos huit fusils en vaudront cent, et où ceux qu'ils ont n'en vaudront pas un seul.

— Nous allons à Stein, n'est-ce pas, msieu Collé ? demanda Bambocheur.

— Oui, mon garçon, répondit Collé ; les bonnes idées se rencontrent. Voyons, qui a des jambes pour courir jusqu'à Hermont et à Rothau ?

— Moi ! que je dis alors.

— Pas toi, tu es bûcheron, nous aurons besoin de toi là-bas ; il y aura des arbres à couper.

Un autre garçon se présenta.

— Tu vas aller à Hermont, lui dit Collé. Tu demanderas Cugny, — le père de votre hôte, monsieur Maurice, — tu lui diras qu'il fasse une barricade à l'entrée du village, et se tienne derrière avec ses voisins jusqu'à ce qu'on lui envoie dire que les Allemands sont expédiés. — Puis après, tu iras à Rothau, chez Wolf. S'il n'est pas chez lui, tu diras que tu viens de ma part, et on te conduira dans la forêt où il est avec ses hommes. Tu lui diras de descendre sur la route du Donon en se dirigeant vers Hermont. Si les gredins passent sur le corps à Cugny, ils auront du mal à sortir des mains de celui-là. — Mais nous tâcherons de faire l'affaire tout seuls, ça vaudra mieux.

L'envoyé partit. — La nuit était noire : les Allemands chantaient à tue-tête au Cheval blanc.

Les fusils et les munitions étaient réunis. Par l'ordre de Collé, nous avions gardé nos outils de travail. — On envoya dans les scieries les quelques vieux qui ne pouvaient nous servir. Puis on se mit en route pour Stein où nous étions à dix heures du soir

— Vous aviez bien du courage d'y aller à cette heure-là, interrompit Caton.

— Oui, on prétend que les anciens seigneurs y reviennent pour visiter leur trésor qui est caché dans les ruines. Mais nous n'y pensions guère. Il faisait un vent du diable, et la pluie tombait à verse, ce qui faisait bien plaisir à Jacquot, qui craignait pour sa maison. Et, de fait, le matin, quand ils virent le village abandonné, les Cosaques mirent le feu à un grenier à paille qui était au-dessus du hallier, mais il n'y eut que cela de brûlé.

Pour lors, monsieur Maurice, si vous avez bien retenu ce que je vous disais tout à l'heure, vous comprendrez l'idée de Collé. — Il y a deux ou trois cents pas entre le pont et le château, et tout le temps, un rocher à pic à gauche, la rivière à pic à droite. Une barricade faite sur la route au-dessous du château ne pourrait être démolie sous la pluie de pierres qu'on peut faire tomber de la tour. Et si, pendant que l'ennemi chercherait à la passer, on coupait le pont, il était pris comme dans une souricière.

C'était l'idée de Collé et de Bambocheur. Dès que nous fûmes au château, le marchand de bois nous divisa en trois escouades. Les uns démolissaient les murs de la tour qui sont en gros moellons, et ramassaient les pierres sur le bord du rocher ; les autres abattaient les sapins des environs, et les faisaient glisser sur la route ; le père Bambocheur, un autre bûcheron et moi, nous étions au pont, à déchausser aux deux bouts les madriers qui le portaient, de façon qu'on pût faire tomber le plancher en les soulevant.

Vers deux heures du matin, la souricière était prête. La barricade avait huit ou dix pieds de haut ; elle était solidement établie ; il aurait fallu une bonne heure pour la renverser. Le pont était arrangé, et nous étions remontés au rocher pour prendre les ordres de notre général.

Il y avait un poste dangereux, celui de l'homme qui devait rester sous le pont et l'abattre derrière les Cosaques. Le père Bambocheur voulut l'occuper, disant qu'il ne servait plus à grand chose, et qu'il valait mieux qu'il y restât qu'un autre.

On le laissa partir.

Les heures qui suivirent furent longues. Nous étions mouillés jusqu'aux os, et le matin approchant, nous n'osions pas allumer de feu, de peur qu'on ne nous vît de la route. Nous étions quinze, serrés dans un souterrain où nous avions déposé nos armes et nos munitions, et nous sentions une fraîcheur diabolique. Jean Louis nous contait une histoire qui lui était arrivée en Espagne, où, parait-il, les gens du pays faisaient, vis-à-vis de nos soldats, le métier que nous faisions à l'endroit des Cosaques. La moitié de sa compagnie y était restée. — Un homme faisait sentinelle pour surveiller la route.

A six heures, le ciel se remit un peu, et le soleil sécha nos habits. Le temps commençait à nous durer, et nous craignions que les Cosaques n'eussent remonté vers Hermont. — Mais les gaillards n'y pensaient guère. Ils avaient défoncé les tonnes de Jacquot, et avaient bu, en vrais Allemands qu'ils étaient, ne laissant qu'une sentinelle que nos gamins, qui étaient dans le bois, voyaient se promener devant la porte. — Puis, quand ils s'éveillèrent, ils furent fort étonnés de se trouver seuls, et ils parcoururent toutes les maisons du village, bousculant les meubles, et considérant comme de bonne prise ce qui pouvait se manger ou se boire.

Vers dix heures, nous étions fort inquiets. L'un de nous avait dit qu'il craignait que les ennemis n'eussent découvert la cachette aux femmes et aux enfants; et, quoique cela parût difficile, parce que Malfosse est à deux lieues de Mesnil et caché par les

bois, ça ne nous donnait pas beaucoup de courage.
A dix heures et demie, Collé et Jean Louis seuls voulaient rester, les autres voulaient retourner au Mesnil. Cependant le marchand de bois obtint qu'on attendrait encore une demi-heure.

A onze heures moins quelques minutes, nous vîmes quelque chose au tournant de la route, à huit ou neuf cents pas du pont. Bientôt on put distinguer deux cavaliers. Ceux qui avaient des fusils se mirent aux fenêtres, les autres se tinrent prêts à faire rouler les moellons.

C'était l'avant-garde : les seize autres suivaient à une centaine de pas; marchant avec précaution, et explorant la route, comme des gens qui s'attendent à un piége. Nos cœurs battirent bien fort quand les deux premiers cavaliers traversèrent le pont et s'arrêtèrent en apercevant la barricade. — Ils poussèrent un cri et la troupe fit halte ; puis les deux Allemands vinrent jusqu'à l'obstacle, qu'ils examinèrent en détail, regardant aux fentes pour voir s'il n'y avait personne derrière. Par l'ordre de Collé, nous gardions le silence.

Heureusement que l'officier était brave, ou qu'il

avait la cervelle troublée par le vin de Jacquot. Il nous parut hausser les épaules au rapport de ses hommes et la troupe traversa le pont, n'y laissant qu'une sentinelle. — Cet homme-là pouvait faire manquer l'entreprise en empêchant Bambocheur de renverser les poutres, mais là, encore, nous fûmes heureux. — Le Cosaque se tenait à la tête du pont de notre côté. Pour mieux voir ce que faisaient ses camarades, qui mettaient pied à terre devant la barricade, il s'avança de quelques pas. Nous vîmes alors se dresser lentement sur le pont les larges épaules du père Bambocheur, puis ce fut l'affaire d'une seconde; la première poutre roula au torrent emportant avec elle tout le plancher.

La sentinelle se retourna au bruit — et aperçut le vieux bûcheron qui soulevait tranquillement la seconde poutre, ne voulant pas même laisser ce chemin d'un pied à nos adversaires. — Nous vîmes la fumée d'un coup de fusil et notre pauvre ami roula dans la Maine avec la dernière pièce du pont. Le Cosaque partit au galop pour rejoindre la troupe.

— Allons, maintenant, mes amis, *revengeons* Bambocheur ! s'écria Collé.

Six coups de fusil partirent et cinq des Cosaques qui travaillaient sous nos pieds restèrent étendus. — On tire bien dans notre contrée, et chacun avait choisi son homme. L'officier fut tué par Jean Louis.
— En même temps, une grêle de pierres tomba sur la tête des ennemis et tous à la fois nous criâmes à les assourdir.

Il y avait parmi eux une confusion du diable, les chevaux se cabraient sous les pierres qui roulaient de tous côtés, et les cavaliers pouvaient à grand'-peine les empêcher de se jeter dans le torrent.

Pourtant les huit ou dix survivants étaient parvenus à s'éloigner de la barricade et couraient vers le pont, car dans la bagarre, ils n'avaient pu comprendre ce qui s'était passé là, et je crois du reste que la sentinelle avait été tuée à la première décharge. — Collé envoya le long du rocher trois de nos tireurs qui les saluèrent de quelques coups de fusils tirés aussi juste que les premiers. Ils laissèrent encore là deux hommes.

Il y eut un instant d'abattement chez nos ennemis, — puis voyant qu'ils ne pouvaient forcer la rivière, ils essayèrent sur la barricade une tentative désespérée. Ils lancèrent leurs chevaux au grand galop ; — mais les pierres pleuvaient comme grêle ; et, arrivée devant, les bêtes refusèrent d'avancer.

Alors ils n'essayèrent plus rien. Tout cela s'était passé si vite, que c'est à peine si quelques-unes de leurs balles étaient venu écorcher les murs de la tour.

Ils restaient encore six debout, et nous les aurions bien laissé vivre si nous n'avions su qu'un seul échappé nous en aurait mis des centaines sur les bras. — Quelques coups de fusil partirent; les hommes tombèrent d'abord, puis les chevaux; enfin, rien ne remuait sur la route un quart d'heure après la chute du pont.

Pour lors, nous vînmes en bas du rocher. Il était près de midi. Le temps s'était recouvert; les flaques de sang paraissaient brunes sur la route, et les mouches se posaient sur les blessures chaudes encore. — Il y avait deux ou trois chevaux de vivants; ils étaient blessés, et on leur donna le dernier coup. Le bon Dieu voulut qu'il n'y eut aucun des hommes qui remuât : nous avions tiré juste, et chacun avait reçu plutôt trois balles qu'une. Nous en fûmes bien aises, car c'est autre chose de saigner un homme comme un veau ou de lui tirer un coup de fusil, quand on sait qu'il peut vous en rendre un.

Collé avait envoyé quelques-uns des nôtres le long de la rivière, pour chercher un des étrangers qui y avait été jeté par son cheval. Son corps s'était arrêté contre un banc de sable. — On y retrouva aussi notre pauvre Bambocheur, tenant encore dans ses mains froides la poutre du pont, et trois chevaux qu'on remonta à grand'peine jusque sur la route.

La pluie recommença à tomber. Nous étions sans forces; car la plupart de nous n'avaient rien mangé depuis l'arrivée des ennemis. Le plus dur de notre tâche restait pourtant à faire.

Il y avait contre la route un grand puits creusé dans la roche. Autrefois, dit-on, il communiquait, par un souterrain passant sous la Maine, à un château que les seigneurs de Stein possédaient de l'autre côté. Dans ce temps-là, il y avait une tour qui continuait le puits et montait jusqu'au haut du rocher. Mais la tour était depuis longtemps tombée dans le trou, et chacun y jetait une pierre au pas sage. On voyait, à l'époque dont je vous parle, le fond à une cinquantaine de pieds ; maintenant, il est à peine à dix pieds de la terre ; mais ce jour-là, nous lui fîmes faire plus de chemin qu'il n'en aurait fait en vingt ans.

Les corps des ennemis et de leurs chevaux furent apportés sur le bord, et on les y poussa rapidement. Chaque corps qui tombait faisait un bruit sourd. — Ce fut là le plus triste de notre besogne. Ensuite, on jeta dessus un amas de terre arraché dans la tour, puis toutes les pierres qui étaient restées sur la route, et il n'en manquait pas. — Il était trois heures quand nous en eûmes fini avec eux.

Les bûcherons s'étaient remis au pont ; le plancher était rétabli. Les sapins de la barricade avaient été jetés dans la rivière et flottés à quelques centaines de pas en dessous. — La pluie avait lavé tout le sang.

Vers quatre heures, il n'y avait plus de traces du combat. Pour nous, habitués au pays, il était facile de voir que les murs de la tour étaient plus bas de quelques pieds, mais un étranger n'y aurait rien remarqué. — Par l'ordre de Collé, les armes des Cosaques furent cachées dans les ruines.

Il faisait presque nuit au moment de notre rentrée au village. Le pauvre Bambocheur fut déposé dans sa maison, et je restai près de lui pour le veiller jusqu'à ce qu'on eût prévenu sa famille, — pendant qu'on allait apprendre à ceux d'Hermont ce qui s'était passé.

Bien nous en arriva d'avoir remis toutes choses en état, car, le lendemain, un bataillon ennemi traversa la vallée. — On remarqua qu'ils regardaient de tous côtés pour savoir ce qu'étaient devenus leurs camarades ; mais ils ne virent rien, et le puits garda son secret. — S'ils étaient passés un jour plus tôt, il y a la moitié des gens qui sont ici qui n'y seraient pas pour écouter cette histoire, — et bien sûr, je n'y serais pas pour vous la raconter. — Voilà tout. — Mais Wolf vit encore à Rothau, et il pourrait en raconter bien d'autres à M. Maurice. »

Le narrateur reçut les félicitations générales. — Au feu qui brillait dans les yeux de ses auditeurs, il pouvait voir que son récit avait touché dans leurs cœurs une fibre toujours sensible. Le paysan vosgien, doux, facile et peu querelleur, est cependant enfant du sol qui vit naître Jeanne d'Arc, et le plus indolent devient vite un bon soldat.

— C'est égal, dit le curé au moment où l'assemblée se séparait, M. Maurice ne connaîtra pas les vraies *fiauves* de veillée. Vous lui avez raconté de jolies histoires; mais comment ne lui avez-vous pas parlé un peu des *sotrés* et du *Mouhihennequin*[1]? Comment Marguerite, qui a une si jolie voix, ne lui a-t-elle pas chanté quelque noël patois ou la fameuse chanson des *lourres*[2]? Et les *devinottes*[3], il n'y en a pas eu une seule de proposée?

---

[1] *Mouhihennequin, ou menée d'Hellequin*. — Chasseurs qui parcourent les airs aux sons d'une musique surnaturelle. — Dans plusieurs communes on attribue les bruits de la menée d'Hellequin aux cris des enfants morts sans baptême.

[2] *Noyer les lourres.* — A Remiremont, et dans d'autres lieux des Vosges, les enfants placent, le soir du vendredi saint, de petits bouts de chandelle sur des morceaux de bois qu'ils abandonnent au fil de l'eau, en chantant un couplet patois dont voici les premiers vers :

Les champs golot,	Les champs verdoient,
Les lours noyot... etc.	Les lours se noient... etc.

[3] *Devinotte.* — Énigme.

— Tout cela, monsieur le curé, répondit l'aubergiste, c'est bon quand nous sommes entre nous. — Monsieur Maurice ne nous gêne pas, bien au contraire, mais nous craindrions de l'ennuyer.— Et puis, vous vous seriez moqués de nous tous les deux. — Caton, ma fille, allume la lanterne pour reconduire monsieur le curé.

VIII

Maurice dormit mal cette nuit-là. Les idées qui l'occupaient la veille et qu'il avait écartées avec insouciance revenaient à son esprit. — Le brusque départ de Marguerite, le soin affecté que la jeune paysanne, si confiante d'habitude, prenait d'éviter toute rencontre avec lui, inquiétaient l'architecte plus qu'il ne l'avait voulu. Il ne doutait pas qu'il ne fût la cause de ce départ subit, mais il ne savait comment rassurer la jeune fille, et les résolutions absurdes que lui conseillait l'insomnie augmentaient le désordre de ses pensées.

Le matin arriva. — Maurice entendait, à travers les cloisons de bois, Marguerite marcher dans sa chambre en faisant ses derniers préparatifs. Il eût désiré un entretien avec elle; mais Cugny avait annoncé que Caton accompagnerait sa maîtresse pour porter son paquet — et la vieille ménagère, parfaite dans sa cuisine, promettait d'être un tiers assez gênant dans une explication délicate. — La voix de l'aubergiste se fit entendre dans l'escalier, et tira le jeune homme d'embarras en lui suggérant une résolution subite.

— Eh! écoute voir, *Guitte*[1], criait Cugny, c'est inutile de te donner Caton; le voisin Jacquot va cet après-midi avec sa voiture à Frâmont, il te portera tes affaires.

Marguerite fut vivement contrariée. Elle eût fort bien porté son petit paquet et ce n'était pas ce motif qui lui faisait désirer la compagnie de Caton. Mais elle craignit que son grand-père ne se remît à la taquiner et ne l'obligeât d'attendre l'occasion du voisin, ce qui eût prolongé, la matinée durant, sa

---

[1] *Guitte,* familier pour Marguerite.

position difficile de la veille. Elle ne répondit rien.

Un quart d'heure après, la jeune fille, en costume de voyage, embrassait le vieux flotteur, serrait la main à Maurice sans pouvoir le regarder en face, et partait en suivant la grande route, quoique Cugny lui conseillât la traverse qui abrége de plus d'une demi-lieue.

Maurice rentra aussitôt et prit son album, ses guêtres et son bâton ferré, comme s'il allait en montagnes. — Puis, quelques minutes après le départ de Marguerite, il sortit du village par le côté opposé à la route de Frâmont. Il revint sur ses pas derrière un rideau de bois et gagna la traverse, de façon à arriver sur la route à une lieue de l'auberge, un quart d'heure environ avant la jeune fille.

La route qui va d'Hermont à Schirmeck par Frâmont, et rencontre celle de Raon-sur-Plaine au col nommé la Plate-Forme du Donon, est tracée en lacets le long de la Maine, au milieu d'une épaisse forêt de sapins. La traverse passe derrière un des contreforts du Donon, et ne rejoint la route qu'auprès du col.

Maurice était assuré de ne pas rencontrer Marguerite avant trois quarts d'heure. L'architecte, surpris par la rapidité des événements, n'avait pas trop de ce répit pour mettre de l'ordre dans ses idées ; car il ne savait trop ce qu'il allait dire à la jeune fille. Il marchait les yeux fixés à terre, sans s'occuper de son chemin.

Au bout d'une demi-heure, étonné de ne pas voir le col, il chercha à s'orienter et s'aperçut qu'il avait suivi un sentier sur la droite de la traverse, et gravi insensiblement le mamelon qui le séparait de la route.

Maurice s'arrêta fort embarrassé ; car il lui fallait revenir sur ses pas pour reprendre la vraie direction et il craignait que Marguerite ne le dépassât pendant ce temps. La route était à cinquante mètres environ au-dessous de lui; il la voyait, entre les troncs des sapins, se détacher en rouge sur les mousses de la forêt. — Au moment où l'architecte hésitait à descendre pour la gagner, il entendit de ce côté une voix d'homme parlant haut avec l'accent de la colère. Craignant d'être tombé sur une coupe dont il voyait les abattis, et désirant ne pas rencontrer les bûcherons d'Hermont, il allait se rejeter du côté de la traverse, quand le cri : « Au secours ! » poussé par une voix de femme, parvint à ses oreilles. Il sembla à Maurice que cette voix était celle de Marguerite.

Le jeune homme se précipita sur la pente rapide, bondissant par-dessus les rochers, déchirant ses habits aux mûriers épineux, et vint tomber en trois sauts sur la route, à l'endroit d'où partaient les cris.

C'était en effet Marguerite qui, pâle et les vêtements en désordre, soutenait contre le Hardier une lutte inégale.

Le vagabond, à qui la scène de la fête était restée sur le cœur, guettait la jeune fille depuis l'avant-veille. L'occasion s'était offerte à lui telle qu'il n'aurait osé l'espérer. Il avait accosté Marguerite dans l'endroit le plus solitaire de cette route peu fréquentée. La jeune fille, effrayée à la vue subite du vagabond, avait essayé de fuir. Mais le Hardier, qui aurait forcé un lièvre à la course, l'eut rejointe en un instant et cherchait par la force à l'entraîner dans la forêt. — L'issue de la lutte ne pouvait être douteuse, et le secours arrivait à propos. Marguerite s'épuisait. Sa voix, brisée par la frayeur, ne pouvait plus sortir de sa gorge, et l'évanouissement, contre lequel elle luttait de ses dernières forces, allait la livrer à son adversaire. — Le Hardier était parvenu à la saisir par la taille, au moment où Maurice tomba sur la route d'un talus de deux ou trois mètres.

Au bruit, le Hardier lâcha brusquement la jeune fille qui s'assit défaillante sur un quartier de grès. Le vaurien, la figure et les yeux injectés de sang, les joues meurtries par les mains de Marguerite, offrait l'image de la passion brutale à son paroxysme. Il pâlit pourtant, car ce secours inespéré semblait envoyé par la Vierge que la jeune fille appelait à son secours pendant la lutte. Mais, reconnaissant Maurice, il recula de quelques pas, ramassa son bâton de houx terminé par une boule énorme, et le fit tournoyer au-dessus de sa tête.

— Le coq n'était pas loin de la *géline!* dit-il en ricanant.

— Allons, brigand, cria l'artiste en marchant à lui, voyons si tu es aussi brave avec les hommes qu'avec les femmes?

Le Hardier laissa approcher Maurice de quelques pas, accroupi sur ses jambes comme un chevreuil qui s'élance, — puis bondit brusquement et lui porta un coup terrible. Quoique le Parisien, habitué au maniement de la canne, eût paré rapidement, son bâton fléchit sous le poids de l'arme du braconnier et la boule de houx arriva à quelques pouces de sa tête.

Maurice riposta par un coup de sa pointe ferrée. Il atteignit le Hardier à la poitrine et le vit chanceler : puis, avant que son adversaire ne fût remis du choc, il le frappa sur le poignet d'un revers et fit voler son arme auprès de Marguerite. — La jeune fille, qui avait rapidement repris ses sens, attendait le résultat de la lutte les mains jointes et priant pour Maurice. Elle décida le sort du combat en posant le pied sur le bâton au moment où le Hardier allait le ramasser.

Celui-ci, sans armes, jeta autour de lui le regard fauve d'une bête acculée. — Avant que Maurice eût pu redoubler son coup, le braconnier bondit en arrière et gravit comme un chat le talus à pic de la route. Puis il se retourna, une énorme pierre à la main.

— Hai ! cria-t-il, *venan tosi*, Parisien ?

Maurice comprit qu'en le suivant sur ce terrain, il risquait de se faire tuer et de laisser Marguerite à la merci de son adversaire. Il renonça donc à la poursuite et posa à terre la pointe de son bâton.

— C'est bon, cria-t-il au Hardier, les gendarmes du Mesnil sauront bien te trouver.

— Ah ! ah ! fit le braconnier, ils ne *voulont* pas me *querre*, ni toi me les envoyer, Parisien ! Les *bacelles* qui ont des rendez-vous dans le bois avec leurs amoureux n'envoient pas la justice *radier* [1] les bons garçons qui veulent les embrasser. — A une autre fois, belle Guitte !

Sur cette phrase, dite d'un ton moqueur, et dont il attendit l'effet sur Marguerite, le braconnier s'enfonça dans le bois en sifflant un air de chasse.

— Comment vous trouvez-vous, chère Marguerite ? demanda Maurice en s'approchant avec empressement de la jeune paysanne, qui était retombée

---

[1] *Radier*, poursuivre.

sur le rocher, la figure couverte de rougeur par cette dernière insulte.

— Bien, monsieur Maurice, merci, répondit Marguerite. — Mais allons-nous-en d'ici; vite! vite! ajouta-t-elle en regardant le bois avec terreur.

La jeune fille essaya en vain de marcher; ses genoux étaient douloureux et fléchissaient à chaque pas; une réaction violente se produisait en elle. Après le courage nerveux qu'elle avait montré pendant le péril, la femme reparaissait avec sa faiblesse. Maurice alla puiser de l'eau à une source qui sortait du talus et en rapporta dans son chapeau.

Marguerite se baigna la figure et les mains, et la fraîcheur lui fit du bien. Mais son regard se dirigeait sans cesse vers les taillis où avait disparu le braconnier, et le moindre bruissement des feuilles mortes la faisait tressaillir.

— Ne craignez rien, Marguerite, dit Maurice, il ne reviendra plus. Du reste, ne suis-je pas avec vous?

— Et vous, monsieur Maurice, n'avez-vous rien?

— Pas une égratignure, Dieu merci; — je n'avais peur que pour vous.

— C'est la sainte Vierge qui vous a envoyé! — Mon Dieu! où serais-je maintenant si vous n'étiez venu, dit Marguerite en cachant sa figure entre ses mains. Mais partons, sortons vite du bois! — S'il avait son fusil caché dans les broussailles, vous qui n'avez que votre bâton.

— Oh! mon bâton lui a enlevé, pour aujourd'hui, le pouvoir de viser juste. — Remettez-vous bien d'abord, vous êtes tout émue.

La jeune fille se releva et prit le bras de l'architecte.

— Appuyez-vous bien fort, dit Maurice qui, le danger passé, éprouvait un plaisir égoïste à se sentir si près de Marguerite. Mais ce n'est pas de ce côté; vous retournez à Hermont.

— Oui! oui! à Hermont. Ma marraine est une pauvre veuve qui vit seule. — J'aurais trop peur!

— Je veux retourner chez mon grand-père; je ne me sentirai tranquille que dans notre village.

Ainsi, la crainte l'emportait sur les sages résolutions de Marguerite. Maurice ne fit aucune objection; et les deux jeunes gens redescendirent la route.

— Mais moi, dit l'architecte, je vais vous quitter dès que nous serons hors de la forêt, et courir au Vieux-Mesnil pour mettre le plus tôt possible les gendarmes aux trousses du brigand.

Marguerite s'arrêta et regarda Maurice, puis elle baissa les yeux en rougissant.

— Vous ne pouvez pas, monsieur Maurice; le Hardier a dit vrai là-haut, il voyait bien ce que je vois maintenant. Aussi est-il parti tranquille, car nous ne pouvons rien contre lui.

— Comment, s'écria Maurice, cette odieuse tentative restera impunie !

— Oh! répondit Marguerite, nos forêts sont grandes et personne ne sait tout ce qui s'y passe. — Que répondriez-vous, monsieur Maurice, si on vous demandait ce que vous faisiez à cinq heures du matin sur la route de Frâmont?

Ce fut au tour de Maurice d'être embarrassé. Marguerite continua :

— Tout le monde croira ce que croit le Hardier,

que nous étions d'accord ; car la réputation d'une pauvre fille tient à peu de chose!

Les jeunes gens étaient alors à quarante ou cinquante pas du théâtre de la lutte.

Au moment où Marguerite disait ces mots, le jacassement d'une pie se fit entendre dans les taillis qui bordaient la route à droite. La Vosgienne tressaillit au cri de cet oiseau de mauvais augure, assez rare dans les forêts de sapins. Un cri semblable répondit à gauche. — Elle reprit :

— Vous avez fait aujourd'hui plus que de me sauver la vie, monsieur Maurice, et je ne puis vous reprocher de vous être trouvé sur mon chemin. Mais que faisiez-vous près de moi, vous qui m'aviez dit adieu il y a une heure?

Maurice regarda en face la jeune paysanne. — Les traits animés par la lutte, les joues couvertes de la rougeur de la honte, Marguerite parut radieuse à son sauveur. Mais le simple langage de la jeune fille, la douleur qu'elle exprimait à la seule idée d'une supposition honteuse, firent que l'architecte ne pensa plus qu'à la rassurer. — Il parla d'une promenade matinale qui l'avait heureusement amené dans les bois du Donon et fit ce qu'il put pour ramener la confiance dans son esprit. Marguerite, trop émue encore pour réfléchir à ce qui pouvait être peu vraisemblable dans cette explication, se laissa facilement convaincre et remercia chaudement Maurice. — Cependant ils approchaient de la lisière du bois.

— Mais, dit l'architecte, que direz-vous à votre grand-père pour expliquer votre retour?

— Je ne lui dirai rien de ceci, répondit Marguerite. — Il ne croirait bien sûr pas les mauvais propos et j'aurais tort de m'en alarmer; mais j'aime mieux qu'il ne sache rien, — il poursuivrait le Hardier qui se vengerait peut-être, et puis les gens de loi viendraient... Non! non! — je ne sortirai plus seule; — c'était de ma faute.

— Mais, encore faut-il dire quelque chose au père Cugny?

— Je lui dirai que je suis tombée en route et que je me suis blessée. Je ne mens jamais, il me croira.
— Mais nous voici au bord du bois, monsieur Maurice. Vous allez me quitter, car il ne faut pas qu'on nous voie ensemble. — Il y a du monde dans les

champs, je n'ai plus rien à craindre. Adieu et merci encore, monsieur Maurice.

Maurice quitta la jolie fille, en faisant un effort sur lui-même pour ne pas la serrer dans ses bras. Son rôle de libérateur lui en eût certes donné le droit. — Il revint par la traverse aux travaux de l'église, et pensa, au bout d'une heure passée sur ses épures, qu'il avait agi comme un nigaud.

Quand il rentra, à midi, il ne trouva que son hôte, qui lui remit un fusil arrivé de Strasbourg à son adresse. — Puis Cugny lui raconta l'accident de sa petite-fille, qui, dit-il, paraissait fort émue et s'était retirée dans sa chambre. Il manifesta l'intention de faire venir le docteur; mais Maurice parvint à l'en dissuader.

IX

Quand le Hardier fut à quelque distance dans le bois, il cessa les sifflets ironiques qu'il poussait pour narguer son ennemi. Il avait marché jusque-là droit devant lui et s'était éloigné du chemin. Une réflexion subite l'arrêta ; — et il se rapprocha de la route, en prenant soin de se couvrir derrière un taillis épais et marchant avec les mêmes précautions qu'un chasseur à l'affût du coq de bruyères.
— Il put ainsi surprendre quelques mots de la conversation des deux jeunes gens qui, après être

restés quelques minutes au lieu du combat, descendaient vers Hermont en parlant sans défiance.

Ce qu'il entendit le rassura complétement ; et ce fut alors qu'il poussa ce jacassement, cri de joie sauvage, qui, si le lecteur s'en souvient, attira l'attention de Marguerite. La jeune paysanne n'avait pas trouvé l'intonation naturelle et avait eu un instant de crainte. Mais un cri semblable, parti de l'autre taillis, l'avait aussitôt rassurée.

Or, ce cri produisit sur le Hardier un effet tout contraire. Le vaurien s'arrêta court, laissant Maurice et Marguerite continuer leur chemin, sans s'inquiéter de la suite de leur conversation. — Pour le braconnier, habitué depuis l'enfance aux bruits des bois, il n'y avait pas de doute ; le cri était imité par un homme. Il était donc possible que la scène de la forêt eût eu un quatrième témoin.

Le Hardier resta dix minutes dans une immobilité absolue, les yeux fixés sur les taillis qui lui faisaient face. — Au bout de ce temps, il vit un léger mouvement se produire dans une branche de mûrier ; elle s'abaissait vers la terre par un mouvement insensible, comme si l'individu qu'elle cachait eût cherché à faire une ouverture pour examiner ce qu'il avait devant lui. Par ce jour, la vue perçante du braconnier découvrit, là où les meilleurs yeux n'eussent vu qu'une souche, la forme confuse d'un homme couché à plat ventre. — Après une minute d'examen attentif, le Hardier passa lentement sa tête au dehors du buisson, puis ses bras, puis tout son corps, et traversa tranquillement la route en disant :

— Assez joué à cache-cache, Christon.

— Allons ! dit l'autre en étirant ses longues jambes et en secouant sa veste de velours couverte de mousse et d'aiguilles de sapin, je voulais voir si ta vue baissait, et je m'aperçois qu'elle est toujours bonne. Eh bien ! comment vas-tu, mon pauvre garçon, car le Parisien t'a diablement mal mené?

— Oh ! son bâton a fait plus de bruit que de besogne, répondit le braconnier dont les dents se choquèrent de rage au souvenir de sa défaite. Je pensais qu'il m'aurait suivi dans la forêt, et je te réponds qu'il n'en serait pas sorti si faraud. — Mais que faisais-tu dans ces broussailles?

— Tu vois, dit le contrebandier, en montrant par

terre un gros paquet de toile d'emballage surmonté d'un petit tonneau de quinze à vingt litres ; j'ai pris une charge de tabac et de kirsch à Schirmeck cette nuit, et j'allais à Hermont à la fraicheur. Quand j'ai entendu marcher dans le bois, au moment où tu as tombé sur la *bacelle*, je me suis jeté dans les *kâgis*, car les rats-de-cave, les gendarmes et les gardes ne manquent pas par ici. Une fois caché, j'ai compris que tu aimais autant rester seul.

— Ah! tu étais là, reprit le braconnier après un instant de réflexion. Et qu'est-ce que tu aurais fait si j'avais réussi à emmener la fille?

— Ma foi, tes affaires ne me regardent pas. Je t'aurais souhaité bonne chance. Mais si tu avais pu *marier la Guitte*, plus tard je serais venu de temps en temps te demander un verre de vin à crédit.

— Allons! Christon, tu es un bon garçon, répondit le braconnier dont la main quitta le sac où il ouvrait doucement son couteau, pendant que le témoin était sans défiance. — Mais ce mouvement lui fit sentir une douleur dans le poignet.

— Ah! si je n'avais pas été assez bête pour laisser mon fusil dans le bois! s'écria-t-il.

— J'ai idée que le Parisien pourra te répondre maintenant, car j'ai vu hier soir un paquet pour lui chez le courrier de Schirmeck, où je vendais du tabac. On lui envoie de Strasbourg un fusil à deux coups comme on n'en voit guère dans nos contrées. Je l'ai tiré de l'enveloppe pour le mieux regarder. Si tu avais un fusil comme cela, Hardier, il ne resterait plus un coq dans le canton.

— Ah! il veut se mettre à chasser, dit le braconnier qui parut réfléchir : il ne peut plus guère aller qu'au coq et à la bécasse, à cette heure.

— Sans doute, dit Christon, et tu penses qu'on pourrait se rencontrer sur la chaume. Donne-moi voir un coup de main pour recharger mon tabac, Hardier?

La réflexion de Christon assombrit le front du braconnier. Pendant qu'il aidait son compagnon à reboucler son fardeau, sa main reprit le chemin de sa poche, car le contrebandier lui semblait trop perspicace. Mais il fut arrêté par une idée qui lui parut faire une suite merveilleuse à la précédente.

— Dis donc, Christon, reprit-il, sais-tu que l'administration pourrait te payer pour faire la police des bois. Tu ferais ton métier mieux qu'un garde, car tu vois tout ce qui s'y passe.

— Pour cela, oui, répondit Christon flatté du compliment. Dame, dans notre état, faut voir clair devant soi, et avoir encore les yeux derrière la tête. Faut connaître les chemins des montagnes et ne pas s'y casser le cou la nuit, faut savoir marcher à quatre pattes, et n'avoir pas peur de s'enrhumer, quand on est forcé de passer une ou deux heures à plat ventre dans la neige. Faut surtout savoir courir; mais, pour ce qui est de cela, tu ne connais pas beaucoup de paires de jambes comme celle-ci, Hardier?

Le contrebandier regarda avec orgueil ses longues échasses. Son compagnon continua :

— J'aurais du plaisir à passer la journée avec un bon garçon comme toi. Veux-tu venir chez nous; nous boirons un ou deux des litres que tu as sur le dos; ta charge sera moins lourde, et comme j'offre, je te les payerai?

— Si c'est comme ça, je veux bien, répondit Christon qui n'aimait pas la dépense. Aussi bien, il y a trop de monde à cette heure dans les champs pour que je puisse descendre à Hermont.

Les honnêtes compagnons s'enfoncèrent dans le bois, marchant côte à côte.

— Mais, reprit le Hardier, quoique ta police soit bien faite, je ne sais pas si tu pourrais me donner le fin mot de l'affaire qui s'est passée il y a six mois, et dont tu as bien entendu parler.

— Quelle histoire? demanda Christon.

— Eh ! tu sais bien, celle de Joson, le garde forestier, et de M. Gérôme le marchand de bois.

— J'ai entendu un peu parler de cette affaire, dit Christon d'un air gêné, mais je n'étais pas dans le pays quand les gens de la justice y sont venus.

— Alors, je vais te raconter la chose. — M. Gérôme avait acheté aux ventes de Saint-Dié un lot de bois dans le triage de Joson. Une fois adjudicataire, il fit abattre tous les arbres marqués du marteau du garde général, comme ça se fait toujours. Mais quand les sapins furent ébranchés et par terre, une dénonciation vint à Saint-Dié, sans signature, qui dit qu'il y avait des arbres abattus avec de fausses marques. On arrêta l'équarrissage des bois ; on compta les troncs, il y en avait une vingtaine de plus que le compte et ceux-là étaient marqués d'une empreinte qui imitait le marteau des forêts. On n'y avait pas assez bien regardé. — Comment crois-tu que ces fausses marques avaient été faites, Christon ?

— Ma foi, dit le contrebandier, que veux-tu que j'en sache ? je n'étais pas dans le pays, moi ; j'étais en Alsace chercher du tabac. C'est bien sûr M. Gérôme qui avait payé Joson pour marquer des arbres de plus que son compte.

— C'est bien possible ; mais ce n'est pas ce que crut la justice après qu'elle eut envoyé ses habits noirs. On pensa que quelque mauvais gueux avait voulu se venger du garde ou de l'adjudicataire ; peut-être bien des deux ; et qu'il avait fait les fausses marques et la dénonciation après. — La preuve qu'on crut cela, c'est qu'on n'arrêta pas M. Gérôme ni Joson ; mais, comme le garde aurait dû connaître ce qui se passait dans son *triage* et savoir le nombre des arbres abattus, on lui retira sa place quand il n'avait plus que quelques mois pour sa retraite.

— J'ai su cela, dit Christon.

— La justice n'a pu trouver personne.— Mais toi qui sais si bien ce qui se passe dans les bois, tu n'as pas pensé à quelqu'un, Christon ?

— A personne, non ! répondit le contrebandier, qui était très-pâle. Je t'ai déjà dit que je n'étais pas dans la contrée.

— Donne-moi un peu ta charge si tu es las, Christon ; tu es jaune comme une fleur de genêts. Mais tu peux la mettre bas un instant ; j'ai quelque chose à prendre ici.

Les deux amis étaient arrivés sur une crête de montagnes formée, comme beaucoup des sommets des Vosges, de larges assises de grès rongées par les eaux de manière à affecter des formes étranges. Au pied d'un de ces rochers qui, rétréci par la base, ressemblait à un champignon de huit ou dix mètres, s'ouvrait une voûte où le braconnier descendit. Il plongea le bras dans un tiroir naturel formé par une feuille de grès au plafond de la caverne, et en tira son fusil qu'il fit sonner en sortant, après avoir renouvelé la poudre du bassinet.

— Si j'avais eu ce camarade là il y a deux heures, dit-il. Enfin, ça se retrouvera peut-être.

— Pour te continuer cette histoire que tu ne connaissais pas, Christon, reprit le Hardier, après avoir fait passer devant lui son compagnon qu'il tenait au bout de son arme, tu sauras qu'il s'agissait des galères pour celui qui avait fait ce mauvais tour à l'adjudicataire du triage de Joson. — Il paraît que c'est un faux et qu'on a envoyé pour vingt ans à Toulon des notaires qui avaient fait moins que cela. Mais le plus mauvais pour ce pauvre homme s'il était découvert, c'est qu'il serait tué avant le jugement par Joson, qui lui doit la perte de sa place et a juré de lui casser la tête. Si tu le connais, tu sais qu'il tiendrait parole. Tu ne dis rien, Christon, tu ne m'écoutes plus?

— Si, si, murmura Christon, je t'écoute.

— Le contrebandier se disait intérieurement : Cette canaille sait tout ; s'il n'avait *mecque* [1] pas son fusil !

— Mais, dis donc, Christon, continua le Hardier,

---

[1] *Mecque,* seulement

qui jouait avec son compagnon comme le chat avec la souris, je pense à une chose. Est-ce que ce n'est pas Joson qui t'a pris, il y a huit mois, avec ta charge, au chemin du Fays, et qui t'a fait envoyer à Saint-Dié?

— Tu le sais bien, répondit Christon qui suait à grosses gouttes.

— C'était quand M. Gérôme était maire du Vieux-Mesnil; et c'est, m'a-t-on dit, les bons renseignements qu'il a donnés sur toi qui t'ont valu un mois de prison au lieu de huit jours qu'on donne aux contrebandiers pris pour la première fois.

— Va-t'en au diable! grommelait Christon.

— Donne-moi donc un peu de ton tabac, Christon; j'ai perdu le mien en me battant avec ce *manre* chien.

L'avare obéit sans répliquer.

— Voyons, camarade, reprit le Hardier, une supposition : Tu voudrais raconter à quelqu'un ce que tu as vu tout à l'heure, — ça ne serait pas bien de faire du tort à un camarade; mais, enfin,— sais-tu ce qui arriverait?

— Non, répondit Christon, heureux de voir la

conversation prendre un autre tour ; mais tu sais bien que je ne le ferai pas.

— Enfin, dis toujours ce que tu crois qui arriverait.

— Ma foi ! je n'en sais rien. On enverrait les gendarmes te *radier*.

— Pas du tout, Christon; tu ne vois pas clair, mon ami. Le Parisien et la Guitte diraient que tu mens, et on les croirait plutôt que toi.

Christon ouvrit de grands yeux.

— Vois-tu pourquoi ?

— Ah ! oui ; la fille avait donné rendez-vous au Parisien ; elle craindrait de perdre sa réputation et de coiffer sainte Catherine.

— C'est cela, mon garçon, et tu n'es pas trop bête. — Mais comment un homme aussi avisé que toi fait-il ses coups de jour quand il peut y avoir, comme aujourd'hui, deux bons yeux dans un buisson ?

Christon, comme on dit vulgairement, prit son courage à deux mains et se retourna vers le Hardier.

— Voyons, Hardier, assez plaisanté ! Où veux-tu en venir ?

Les deux amis arrivaient sur la chaume : la hutte était à deux pas.

— A ceci, camarade, dit le braconnier en regardant Christon en face ; c'est que je te tiens et que tu ne me tiens pas ; c'est qu'avec un mot, je puis te faire tuer ou envoyer aux galères, et que tu ne peux rien contre moi. C'est que j'ai besoin de toi pour une affaire que j'ai en tête, et je voulais te faire voir que je pouvais te commander, si tu ne voulais pas m'aider de bon cœur. Tu comprends ?

— Très-bien, répondit Christon, mais il faut voir ce que tu veux.

— Je m'en vais te le dire, mais dînons d'abord. Tu as de quoi boire, dit le braconnier qui ne parlait plus de payer. Moi j'ai du pain, des pommes de terre, du *gérardmer* et une *cauille* de lard. Tu verras que tu n'as pas grand'chose à faire.

Les deux compagnons entrèrent dans la hutte du braconnier, édifice d'une construction presque aussi élémentaire que le wigwam d'un Peau-Rouge. C'était un rectangle de pierres brutes dont les interstices étaient remplis de mousse. Le toit, très-inclinè, était fait de *chons* [1], pris à quelque scierie de la montagne. Une ouverture, pratiquée au coin de la hutte, laissait sortir la fumée et entrer l'eau du ciel. — C'était là l'héritage du *marquard,* et le foyer auquel le Hardier voulait faire asseoir la jolie Marguerite.

---

[1] *Chons,* planche n'ayant pas la largeur voulue, et dont les arêtes sont en aubier.

X

Les sagards des Vosges sont généralement locataires de leurs scieries qui appartiennent pour la plupart à l'administration des forêts. Ces scieries de l'État travaillent à façon, suivant un prix réglé, pour les adjudicataires qui ne possèdent pas de scies dans le voisinage de leurs coupes. Souvent le sagard lui-même, ou l'aide qui le supplée la nuit, va chercher en forêts les *tronses* à *débiter*, doublant ainsi ces fonctions de celles de voiturier.

Ce même jour, vers cinq heures du soir, Jacques

était dans une coupe située sur le versant de la Meix et chargeait un char à bœufs qu'il devait venir chercher le lendemain avec les bœufs de Cugny. Il soulevait, de ses épaules vigoureuses, les tronses dont il plaçait un bout sur le train de devant. Puis, démontant une des roues de derrière, il se disposait à passer l'essieu sous les bois inclinés, pour glisser ensuite le train au bout de la charge, et y remettre la roue enlevée. Il chantait, contre son habitude, en se livrant à ce travail fatigant, car l'honnête sagard croyait Marguerite à Frâmont, et était dans toute l'allégresse que lui causait la détermination de la jeune fille.

Quelques nœuds, mal enlevés par les ébrancheurs, le gênaient dans son opération. Jacques prit une hache et se mit à abattre à tour de bras ces obstacles. Les éclats de bois voltigeaient autour de lui, couvrant la mousse de leurs débris blancs. — Le bon ouvrier n'entendait que le bruit de sa hache et la joie qui bouillonnait dans son cœur.

Tout à coup il se sentit frapper sur l'épaule. — Il se retourna : la mauvaise figure du Hardier était devant lui.

L'homme heureux possède un grand fonds d'indulgence. Les trois quarts des méchants seraient bons sans les maladies ou les malheurs qui ont aigri leur nature. Jacques ne se souvint plus qu'il avait failli étrangler le vaurien l'avant-veille ; il lui sourit amicalement.

— Bonjour, mauvais sujet, lui dit-il.

— Tu es bien gai, sagard, dit le braconnier. Comment fait donc la Guitte pour rendre contents à la fois ses deux amoureux?

— Ah çà! tu veux que je me rappelle de dimanche! répondit Jacques redevenu sérieux.

— Ma foi, j'ai rencontré ce matin la fille que je te dis avec le Parisien, sur la route du Donon, et le Parisien m'a paru très-gai. Je ne dis pas cela pour te faire de la peine, au moins.

— Tu mens, coquin! s'écria Jacques, les poings serrés. Marguerite est une honnête fille, et j'assommerai qui dira le contraire. Elle est à Frâmont, chez sa tante.

— Elle descendait du côté d'Hermont.

— Tu mens! tu mens!

— Ma foi! si tu crois que j'aime à conter des

fiauves aux gens pour me faire assommer par eux, tu te trompes, sagard. Nous étions deux, et voici Christon qui dira si je mens. Viens ici, Christon.

Le contrebandier obéit.

— Qui avons-nous rencontré ce matin sur la route du Donon ?

— La Guitte à Cugny et le Parisien, répondit le drôle, sans hésiter.

— Allaient-ils vers Hermont ou vers Frâmont ?
— Vers Hermont.

Le Hardier se retourna vers Jacques.

— Eh bien ! est-ce que je le lui fais dire ?

Jacques resta silencieux pendant quelques secondes; puis une sorte de sifflement sortit entre ses dents serrées. Il était devenu pâle comme un mort.

— Malheur à vous si vous avez menti ! dit-il enfin d'une voix sourde.

Puis il se précipta, plutôt qu'il ne descendit, du côté d'Hermont.

— Le *paure* homme, murmura Christon qui ne pouvait s'empêcher d'être ému.

Le Hardier riait d'un rire silencieux.

— Lui seul nous gênait, dit-il ; je ne sais pas trop maintenant s'il ne va pas nous aider et faire ma besogne. J'aimerais mieux pourtant qu'il me la laissât.

Le braconnier étendit le bras vers Hermont avec un geste de menace ; puis il se retourna vers son lieutenant.

— Maintenant, à l'ouvrage ! lui dit-il. — Descends vite. Tout est bien convenu : Tu sais le chemin du Porche, — s'il vient seul, un feu sur la Pierre d'Appel ; si tu le conduis, un feu sur la roche *des Bures;* ce soir, si c'est pour demain ; demain soir, si c'est pour jeudi. S'il fait du brouillard, tu monteras me prévenir.

— Tout est bien entendu, répéta le contrebandier. — Si ça peut s'arranger comme ça, je donnerais bien cent sous pour ne pas le conduire.

— Tu es poltron comme *une lieuf* [1], Christon. Au revoir.

Les deux associés se séparèrent.

Le Hardier revint lentement à la chaume, c!

---

[1] *Une lieuf*, un lièvre.

passa le reste de la soirée assis au pied d'un arbre et les yeux fixés sur Hermont. De temps à autre, une douleur sourde à la poitrine et au bras lui rappelait un souvenir qui le faisait frissonner de rage. Puis, quelquefois, un sourire passait sur ses lèvres quand il pensait à la vengeance prochaine.

Entre six et sept heures, quelques coups de fusil, tirés au pied de la montagne, attirèrent son attention; mais son œil perçant ne put distinguer le chasseur à travers les brumes du soir. — Enfin, vers huit heures, une vive clarté produite par un feu de branches sèches brilla sur une colline voisine d'Hermont.

— La mésange a répondu au *fieufto* [1], dit-il en souriant; c'est à la Pierre d'Appel, il viendra seul.

Le braconnier rentra chez lui, alluma un petit feu et fondit dans un moule rouillé quelques balles qu'il rogna avec son couteau au calibre de son fusil. Ensuite, ayant déchargé l'arme, il y mit une pierre neuve qu'il essaya à plusieurs reprises, et rechargea avec des précautions minutieuses. Puis il se jeta sur

---

[1] Le *fieufto*, sifflet (comparaison empruntée à la pipée).

un lit de mousse sèche et attendit pendant les longues heures de la nuit le moment d'agir.

Cependant Christon, séparé de son digne camarade, était descendu de la montagne en pensant aux côtés épineux de sa mission. L'honnête contrebandier regrettait vivement l'idée saugrenue qui l'avait poussé à répondre au jacassement de la pie, imprudence qui avait amené une association dans laquelle il ne voyait pas grand chose à gagner.

Mais le dilemme était nettement posé : mériter une seconde fois le bagne avec chance de l'éviter tout à fait, ou l'encourir pour son précédent méfait d'une manière presque infaillible.

Christon, en sa qualité de commerçant, savait faire une balance d'intérêts et n'hésitait pas ; mais il avait peur.

Comme il descendait en cherchant le moyen de se tirer d'affaire tout en satisfaisant son associé, il entendit un coup de feu sur la lisière du bois. Le soleil venait de se coucher et les bécasses se poursuivaient au-dessus des sapins avec des cris aigus.

— C'est peut-être mon homme qui est à la passe

de la bécasse, pensa le contrebandier. Ce serait bien le diable qui me l'enverrait !

En approchant, Christon vit qu'il avait deviné juste. — Maurice comprenait que sa présence chez Cugny serait, les premiers jours, gênante pour Marguerite. Il avait donc pris le prétexte de la chasse pour s'éloigner et était parti d'Hermont vers cinq heures, emportant dans son sac de quoi souper au cas où il rentrerait tard.

Christon s'assura qu'il n'y avait plus de paysans dans les champs voisins. Puis, gardant sa charge sur le dos, il sortit du bois et s'avança vers le chasseur.

— Dites donc, monsieur, lui dit-il, voulez-vous tirer demain matin quelque chose d'un peu mieux que vos bécasses ?

— Quoi donc ? demanda Maurice.

— Un coq de bruyères magnifique que je viens d'entendre là haut. Je l'ai déjà entendu hier *à la même* endroit ; si vous y étiez sur le coup de trois heures, vous seriez sûr de le tirer. Je vous conduirai, si vous voulez, à l'arbre sur lequel il chante. Il y a au moins cinq ou six *rousses* dans les bruyères du dessous.

— Est-ce loin d'ici?

— Une petite heure et demie. Vous allez jusqu'à la chaume; de là vous n'avez qu'à marcher droit vers la tête la plus haute du Champ du Feu que vous voyez devant vous. Vous passez près de la *Marquarerie*[1]. Vous arriverez, quand vous aurez quitté la chaume depuis cinq minutes, à un grand rocher, fait comme une cour de maison, qu'on appelle le Porche. Là, vous entendrez le coq, si vous y êtes à l'heure que je vous dis.

— Bien, dit Maurice à qui plut l'idée de cette chasse fatigante. J'ai envie d'y aller de suite; croyez-vous qu'on pourra me coucher à la Marquarerie des Chaumes?

— Oh! répondit Christon, ravi de voir le jeune homme accepter si facilement son plan, — le marquard n'y est pas; *on n'a pas brûlé les chaumes*[1] cette

---

[1] *Marquarerie*, cabane du *Marquard*.
[2] *Brûler les chaumes*. Les bruyères et les genêts qui croissent sur les chaumes sont brûlés tous les quatre ou cinq ans, pour convertir le terrain en pâturage de montagnes.

année. Mais vous trouverez un toit et de la mousse sèche pour y dormir. On y est bien, j'y ai couché la nuit passée. Si vous voulez, j'irai avec vous; car vous pourriez vous perdre et peut-être bien n'avez-vous jamais chassé le coq?

— Merci, mon ami, dit Maurice qui, grâce au crépuscule et au soin que prenait Christon de déguiser sa voix, ne reconnaissait pas le contrebandier, mais se souciait peu d'une compagnie quelconque. Vos indications me suffiront, j'ai déjà été sur les Chaumes. Quant à la chasse au coq, j'en ai souvent tiré en Allemagne. — Tenez, prenez ceci.

L'architecte donna cinq francs au contrebandier; puis deux bécassines passèrent, et il les abattit de ses deux coups.

— Il est bon garçon, se dit Christon en tâtant la pièce ; mais le Hardier n'a qu'à se tenir, voilà un fameux fusil !

— Ah ! j'oubliais, dit Maurice qui se préparait à prendre le chemin des Chaumes.—Passez, s'il vous plaît, chez Cugny, à l'auberge d'Hermont, et dites-lui que son pensionnaire ne rentrera que demain matin.

— Plus souvent, mon fils, que j'irai, dit le contrebandier quand il fut seul.

La nuit tombait. Christon rencontra, en se rapprochant du village, un enfant qu'il arrêta.

— Me connais-tu, petit? lui demanda-t-il.

— *Niant*, répondit l'enfant.

— Eh bien, voilà un sou pour toi; va-t'en dire à M. Cugny que le monsieur qui loge chez lui est parti pour la chasse et qu'il ne rentrera que demain... As-tu bien compris?

L'enfant secoua sa tête nue, en signe d'affirmation.

— Redis voir un peu ce que tu diras à M. Cugny?

L'enfant répéta la phrase et partit en courant, de peur de l'oublier en route.

Christon se rendit à l'endroit convenu, et, déposant sa charge dans un fourré, il alluma le signal. Puis, à la lueur du feu, il regarda la pièce d'argent de Maurice.

— La mettrai-je dans mon pot avec les autres, se demanda l'avare? Non, car si le Parisien reste là-haut, ça pourrait me faire du tort de garder cette pièce. Mais il y a un moyen de tout arranger. J'ai beaucoup couru ; j'ai *mou* ¹ soif ; me voilà hors d'une mauvaise affaire. Je vas boire un coup, on me rendra de la monnaie qui ne me viendra pas du Parisien, et je pourrai la garder.

Ses scrupules ainsi calmés, Christon s'en alla au cabaret.

Pendant ce temps, Jacques était descendu à Hermont en courant comme un fou. Il passa à cent pas de Maurice qui tirait une bécassine et ne se détourna même pas pour voir quel était le chasseur. La tête de l'honnête garçon n'avait plus de place que pour cette idée : Le Hardier m'a-t-il dit vrai ?

Arrivé près de la scierie, Jacques s'arrêta un instant.

— Que lui dirai-je si elle est revenue ? se demanda-t-il. Que ferai-je à son amant s'il est avec elle ?

---

[1] *Mou*, beaucoup (moult).

Il sentit les forces lui manquer pour la vengeance. L'incertitude lui déchirait le cœur, mais il s'attachait à un dernier espoir. Il entra sous le hangar et le traversa, voulant demander à son garçon s'il savait quelque chose de Marguerite; mais l'aide n'était pas là.

Du coin de la scierie, Jacques pouvait voir l'auberge des flotteurs. Ce fut avec un pressentiment funeste qu'il se décida à lever les yeux de ce côté. — Alors sa poitrine se serra. Une fenêtre qu'il regardait chaque jour était éclairée, une petite fenêtre perdue dans le lierre et le chèvrefeuille. Et le pauvre amoureux vit se découper sur le fond lumineux de la chambre de Marguerite une silhouette gracieuse qu'il ne put méconnaître.

— Le Hardier m'a dit vrai, murmura le sagard. Puis ses dernières forces l'abandonnèrent, et cet homme vigoureux tomba évanoui sur le sol.

Marguerite, cependant, regardait la montagne et pensait à Jacques qu'elle n'avait pas vu depuis son retour.

— Pourquoi ne vient-il pas ? se demandait-elle.

Il faisait nuit, quand le Vosgien sortit de son évanouissement. — La scierie était arrêtée, car l'aide ne comprenant rien à l'absence de son maître, qu'il ne pensait pas à chercher aussi près, était parti, après avoir laissé passer son heure habituelle. L'eau, détournée de la roue, tombait librement; et Jacques, en s'éveillant, vit briller le croissant de la lune à travers sa nappe argentée.

Le sagard était glacé par le froid humide du soir. Sa veste de travail était restée avec ses outils dans la forêt, et il n'avait qu'une chemise sur les épaules.

— Il se releva, sans savoir où il était et sans se souvenir. Il sentait seulement sa tête douloureuse, et cette impression de gêne dans la poitrine que laissent les grandes douleurs morales.

Il leva les yeux pour se reconnaître, et la mémoire lui revint. Alors, le pauvre garçon s'assit sur une pièce de bois et se mit à pleurer à chaudes larmes.

Il resta longtemps ainsi, la tête appuyée sur les mains. — Tout était tranquille ; la lune baignait de lumière les contours arrondis des montagnes et le Donon semblable à un grand tombeau celtique.

Le cri flûté du crapaud se faisait seul entendre, dans le silence de la nuit, et l'eau tombait avec un bruit monotone.

Ce calme parut pénible à Jacques. Il se leva, alluma la grosse lanterne autour de laquelle vinrent bourdonner les phalènes, plaça une tronse sur le chariot, et remit la scie en marche. Ce bruit accoutumé le soulagea un peu. — Un instant après, il entendit sonner onze heures à l'église du Mesnil.

— Je suis resté *faible* longtemps, pensa-t-il. — Si je pouvais toujours dormir ainsi.

Cependant, un pas inégal retentissait sur les cailloux du chemin, et Jacques vit de loin un homme qui sortait d'Hermont.

C'était un ivrogne. — Il marchait en chantonnant un refrain bachique, et courait des bordées d'une banquette de la route à l'autre.

— Allons, pensa Jacques, si celui-là est jamais malheureux en amour, il se consolera plus vite que moi.

L'ivrogne, cependant, se livrait à une pantomime singulière. De temps à autre il s'arrêtait, portait à l'épaule son bâton, comme s'il eût mis un fusil en joue, criait: pouf! et riait aux éclats en murmurant des paroles inintelligibles.—Quand il fut à cinquante pas de la scierie, il s'arrêta tout court, furieux contre ses jambes qui ne voulaient pas le porter droit. — Vin blanc et vin rouge, s'écria-t-il, accordez-vous ensemble... autrement... nous coucherons tous les trois... devant l'*euch*[1] *!*

— C'est Christon, se dit Jacques qui le reconnut à la voix. Je croyais bien ce vaurien-là capable de voler; mais je le croyais trop avare pour boire à en perdre la tête. — Mais il va se casser le cou !

Jacques sauta sur la route et saisit par le bras l'ivrogne, au moment où il allait tomber d'un mur de quatre ou cinq mètres dans le canal de fuite de la scierie.

— Ah! ah! cria Christon, qui parut fort effrayé, ce n'est pas moi, monsieur le gendarme, ce n'est pas moi!

— Bon, dit Jacques, il me prend pour un gendarme. Voyons, reprit-il en le secouant, tu ne me reconnais pas, Christon ?

[1] L'*euch,* la porte (huis).

— Oui, dit l'ivrogne en entrecoupant ses paroles de hoquets... Christon... c'est bien moi... Christon... un honnête homme! demandez plutôt à..... demandez à.....

— Il serait bien embarrassé de dire à qui, fit Jacques.

—Je ne suis pas capable de tuer un homme... moi... continuait Christon, ce n'est pas comme l'autre... l'autre... vous savez bien... l'autre.

— Ah çà, voyons, il est tout à fait fou! s'écria le sagard; qu'est-ce qu'il me chante là? — Christon, crois moi, vas te coucher.

—Couché... reprit le contrebandier qui ne retenait que le dernier mot des phrases; oui! il sera couché sur la chaume... près des sapins... Il y a des *ouhés di gélines*[1] dans le Porche, dans le Porche, des *bouhons*[2] qui mangent les yeux des morts... Ah! ah! le beau Parisien... le sagard va-t-il être content! il ne pourra plus faire les yeux doux... à la Guil'e...

---

[1] *Ouhé di gélines*, oiseau des poules, buse.
[2] *Bouhon*, même signification.

Ah! ah! il croit chasser le coq... Ah! ah! mais c'est lui qui est le gibier.

Jacques sentit un frisson lui passer dans le corps. Cette scène nocturne devenait effrayante. Un pressentiment lui fit penser que le contrebandier ne rêvait pas. Il serra fortement le bras qu'il tenait, résolu à tirer de Christon toute la vérité. Celui-ci, sentant une vive douleur, fut repris de ses craintes.

— Ah! monsieur le gendarme... lâchez-moi... je vous dis... que ce n'est pas moi... Si vous me lâchez... je vous conduirai à la chasse. Ah! ah! une belle chasse... au Porche... vous savez bien... le Porche... On croira qu'il est parti... mais il ne reviendra pas... Bonne affaire pour le sagard.

— Voyons, finissons-en, dit Jacques qui écoutait avec horreur le sinistre ivrogne.

Il souleva dans ses bras vigoureux Christon, qui se débattait en criant :

— Ce n'est pas moi, c'est l'autre !

Puis il le porta sous une large fuite du canal d'amenée de la scierie. — La douche glaciale tomba sur la tête du vaurien, qui se crut à la guillotine, et cria :

— Grâce, monsieur le bourreau !

Jacques le remit sur ses pieds, lui essuya la figure et, pensant qu'il fallait d'abord se concilier ses bonnes grâces :

— Dis donc, mon garçon, lui dit-il, tu viens de tomber dans le canal, et sans moi, tu y serais resté.

L'ivrogne, à demi dégrisé et ne se rappelant rien encore, se frotta les yeux, se sentit mouillé et reconnut Jacques. Il comprit à peu près ce que lui disait le sagard et voulut l'embrasser ; mais celui-ci le tint à distance respectueuse.

— Eh bien, Christon, reprit le jeune homme, quand se fera cette chasse dont tu parlais tout à l'heure ?

— Quelle chasse ? demanda l'ivrogne en fixant sur son interlocuteur des yeux effarés.

— Eh ! tu sais bien ! la chasse du Hardier, sur les Chaumes, près du Porche ?

— Bah ! tu sais cela ? balbutia Christon en reculant avec épouvante ; qui a pu te dire cela ?

— Parbleu ! c'est toi, répondit le sagard dont les

soupçons devenaient une certitude. Mais tu as oublié de me dire le jour.

— C'est moi ? murmura le contrebandier, dégrisé par la frayeur ; c'est moi qui t'ai dit cela ? Alors, mon compte est clair !..

L'ivrogne resta un instant les yeux fixés au sol et tremblant de tous ses membres. Jacques le surveillait, le tenant par le bras. — Mais, tout à coup, Christon se dégagea par un mouvement brusque et prit la fuite avec une vitesse extraordinaire.

Jacques, un instant surpris, essaya en vain de le rejoindre. Christon était de vingt pas en avance ; il avait des jambes démesurées, et fuyait la tête perdue, et emporté par une frayeur vertigineuse qui lui donnait des ailes. Jacques, de plus en plus distancé, s'arrêta après quelques minutes, et entendit longtemps encore sur le chemin le bruit de la course furieuse du vagabond.

Le sagard rentra chez lui dans un désordre d'esprit facile à concevoir. Un instant auparavant, bien que son cœur fût honnête et loyal, il n'avait pu s'empêcher de penser à la mort de Maurice comme au plus grand bonheur qui pût lui arriver. Dans un moment de fureur, il avait songé à frapper son rival et à se tuer ensuite ; mais l'honnête garçon avait senti que les forces lui manquaient pour l'assassinat et avait écarté toute pensée de vengeance. Il s'était résolu à taire sa douleur et à ne plus revoir Marguerite.

Maintenant la vie de son rival était entre ses mains. Pour le perdre, il n'avait pas même à remuer un doigt, il n'avait qu'à laisser agir le destin qui lui donnait une revanche terrible. Seul, il connaissait le guet-apens où Maurice devait succomber. — Les divagations sinistres de Christon n'étaient pas l'effet d'un rêve d'ivrogne. — La rencontre que Jacques avait faite le jour même des deux vauriens réunis, l'épouvante et la fuite de Christon dégrisé, prouvaient au sagard l'existence d'un complot réel. Le contrebandier avait fui en tournant le dos aux forêts ; et la crainte qu'il semblait avoir de son complice faisait penser qu'il n'irait pas le prévenir. Seulement, Jacques se perdait en conjectures pour savoir quel motif de haine poussait le Hardier à assassiner Maurice. La scène de la fête lui revenaît en mémoire, mais ne lui paraissait pas expliquer un ressentiment si sauvage.

Jacques hésitait. — Un mot de lui pouvait sauver Maurice qu'il croyait encore chez Cugny. — Mais ce mot, le prononcerait-il ?

Le sagard voyait sans cesse passer la figure de Marguerite devant ses yeux fatigués par les larmes. — Son amour restait bien vif, malgré le chagrin qu'elle lui avait causé. Il sentait les tortures aiguës de la jalousie, en pensant qu'au moment où il pleurait, sa fiancée était peut-être dans les bras de Maurice.

— Après tout, se dit-il enfin, je ne suis pas chargé de lui garder son amoureux. Je ne le tuerai pas, je le laisserai tuer. Marguerite alors n'aura plus que moi.

Le sagard arrêta la scie et se jeta résolûment sur son lit, décidé à ne pas agir. Une somnolence lourde s'empara de lui, et le cauchemar vint s'asseoir sur sa poitrine.

Jacques voyait le rocher du Porche éclairé par la lune. Les grands sapins prolongeaient sur la bruyère leurs ombres vacillantes. — Le sagard avançait sur la chaume, poussé par une force irrésistible. Il avait peur, et il allait en avant. Il voulait fuir et ses jambes le portaient malgré lui vers la roche. — La bruyère était couverte de sang, les genêts étaient couverts de sang, et les branches sanglantes le fouettaient au visage.

Au pied du Porche était étendu le corps d'un homme. Sur sa poitrine découverte s'ouvrait une large blessure. Sa figure, Jacques ne pouvait la voir, car un chat noir était accroupi dessus et lui rongeait les yeux. Les cheveux du sagard se hérissaient sur sa tête, mais il avançait toujours.

Quand il fut auprès du cadavre, le chat se retira lentement en le regardant de ses yeux jaunes; le sang coula des blessures du mort, et la figure aux orbites vides rit d'un rire affreux. — Puis la bouche aux lèvres bleues s'ouvrit, et le Vosgien vit avec horreur qu'elle allait parler.

Jacques se réveilla, couvert d'une sueur froide. Un hibou, perché sur la cheminée de la scierie, poussait son cri lugubre; la lune éclairait les murs blancs de la chambre. — Il appela son courage à son aide et sauta de son lit.

— J'ai rêvé, dit-il; mais voilà ce qui m'attend

chaque nuit, si je cesse d'être honnête homme. Dieu veuille qu'il soit encore temps.

Il sortit précipitamment, se dirigeant vers la maison de Cugny. Il était une heure du matin.

Cependant, Marguerite dormait. — Son sommeil, après les émotions violentes du jour, était agité et fiévreux. Elle entendit confusément la voix de Jacques qui appelait, doucement d'abord, puis plus fort : — M. Maurice ! — De petits cailloux, jetés contre la fenêtre de l'artiste, réveillèrent tout à fait la jeune fille.

Elle se leva, passa rapidement une robe, et entr'ouvrit sa fenêtre.

— Qui est là ? demanda-t-elle.

Jacques sentit le sang refluer vers son cœur à la voix de Marguerite. « Il était chez elle ! » se dit-il. Mais le sagard avait pris sa résolution et n'hésita plus.

— C'est toi, Jacques ? continua Marguerite, qui croyait reconnaître son fiancé. Que veux-tu à cette heure ?

— Où est M. Maurice ? demanda le sagard, en

tournant vers la jeune fille sa figure qui fut alors éclairée par la lune.

— Il est à la chasse; mais, mon Dieu! Jacques, s'écria Marguerite avec épouvante, comme tu es pâle! Que t'est-il arrivé?

— Que t'importe, Marguerite! — Mais dis-tu vrai? Le Parisien est-il bien à la chasse?

— Je ne mens jamais, Jacques, reprit la jeune fille, blessée du ton de son cousin.

— Dieu le sait! Marguerite. Adieu, prie pour ton amoureux qui est en danger de mort.

— Reste là, Jacques; je veux te parler, je le veux! cria Marguerite au sagard qui s'éloignait.

— Chaque minute que je perds enlève un an à la vie du Parisien, et j'en réponds devant Dieu. Prie pour lui, c'est tout ce que tu peux faire. Adieu, Marguerite.

La haute taille de Jacques se perdit dans l'obscurité. La jeune fille fit deux pas vers son lit, et s'y laissa tomber, accablée par cette dernière émotion.

Jacques rentra chez lui, prit son fusil, et commença à gravir la montagne en chargeant son arme.

Dans un chemin creux, à la lisière des sapins, il entendit tinter une clochette, et une psalmodie funèbre parvint à son oreille. Le Vosgien superstitieux s'agenouilla avec un frisson. « Ce sont les âmes qui chantent la messe des morts, pensa-t-il. J'arrive trop tard. »

La clochette approchait; le chant devint plus distinct. Jacques se leva en entendant des pas dans le sentier. C'était le curé d'Hermont qui venait d'administrer un malade à la ferme du Haut-Feys, située contre la forêt.

— Que fais-tu là, mon enfant? dit le curé Mangin, en reconnaissant Jacques. Est-ce que tu braconnes, à présent?

— Non, monsieur le curé, répondit Jacques remis de sa frayeur. Mais venez avec moi sans perdre une minute; peut-être vais-je aussi près d'un mourant.

Le curé renvoya au village l'enfant de chœur qui l'accompagnait, et les deux hommes entrèrent dans les bois.

XI

Le vent s'était élevé vers deux heures du matin, et fouettait dans le ciel des nuages chargés de pluie. La lune paraissait et disparaissait derrière leurs franges aux formes changeantes, et leurs ombres promenaient rapidement sur la terre des contours bizarres, qui couvraient tour à tour les forêts et les chaumes, les montagnes et les vallées.

Au-dessous, des nuages plus épais rasaient les flancs arrondis des Vosges, se déchirant aux arbres, divisés par les sommets isolés: La pyramide du

Donon, surmontée de sa couronne de pierres druidiques, émergeait comme un écueil de cet océan tumultueux.

Vers l'Orient, le ciel était resté pur. La chaîne de la Forêt-Noire découpait la ligne dentelée de ses sommets sur les premières teintes de l'aurore, et formait la limite de l'horizon, la ligne de démarcation entre la terre et le ciel. — La plaine d'Alsace, plongée dans l'obscurité, faisait un vaste sillon noir au milieu duquel, dans quelques points éclairés par la lune, brillait le serpent argenté du Rhin. L'œil distinguait confusément sur ce fond sombre les formes indécises des sommets de Saint-Odile, de Guirbaden et du Nideck, sentinelles avancées de l'armée des montagnes, dont les têtes moutonneuses disparaissaient au couchant.

Les sapins gémissaient et frottaient avec bruit leurs branches chargées d'eau. Les bruyères et les genêts se courbaient, rasés par les brouillards.

Il était environ trois heures quand Jacques et le curé débouchèrent sur la chaume, après avoir péniblement gravi dans l'obscurité les sentiers de la forêt.

— Nous voici presque arrivés, Jacques, dit le curé, à qui le sagard avait fait, chemin faisant, une confession complète.— Tu as eu tort d'hésiter. Mais puisque Dieu t'a averti pour t'amener au repentir, il n'aura pas voulu que ce repentir fût inutile. Nous arriverons à temps ; mais allons vite !

Tous deux, en effet, couraient plutôt qu'ils ne marchaient. Jacques connaissait la position du Porche et s'y dirigeait en ligne droite.

Tout à coup, le bruit d'un coup de fusil parvint aux oreilles des deux compagnons.

— Tout est fini ! dit le curé en s'arrêtant.

— Pas encore, s'écria Jacques. En avant ! en avant !

Le deux hommes se remirent en marche.

— Le Hardier n'a qu'un fusil à pierre, continua Jacques sans ralentir sa course; le coup que nous venons d'entendre a été tiré par un fusil à piston, sans doute celui de M. Maurice. Vous n'avez pas entendu le long feu et le bruit de la capsule ? Le vent portait vers nous ; je ne me suis pas trompé.

— Dieu soit loué! répondit le curé; en avant!

Ils avaient traversé la chaume en longeant une lisière de bois. Le vent leur soufflait avec violence au visage et rendait leur marche difficile.

Après quelques centaines de pas, Jacques arrêta le curé, et lui montra entre les sapins un gros rocher rectangulaire.

— Voilà le Porche, lui dit-il. Entendez-vous? le coq chante. — Et nous arrivons à temps; voyez plutôt.

Un chasseur, dans lequel tous deux, aux premières lueurs du jour, reconnurent Maurice, se tenait debout à quelques pas de la roche.

La chasse au coq de bruyères nécessite des précautions spéciales. Le coq ne chante qu'au printemps, à l'époque de ses amours, qui cessent aux premières feuilles des hêtres.

Alors seulement, pendant un mois ou six semaines, le chasseur peut facilement s'en approcher.

Le coq chante entre trois et cinq heures du matin; il se tait au lever du soleil. Il se perche sur les grands sapins, à la lisière des bois, et se détache sur le ciel comme une grosse boule noire. — Les *rousses* picorent au-dessous de lui dans les bruyères.

L'ivresse du printemps, chez ce roi des forêts vosgiennes, est telle que, pendant une certaine période de son chant, il perd la vue et l'ouïe. — Le chasseur peut alors faire quatre ou cinq pas pour s'en approcher. — Quand revient la même mesure, l'homme avance encore, et ainsi de suite, jusqu'à ce qu'il soit à portée. Il ne s'agit plus pour le tireur que d'avoir la main sûre et de bien voir, dans l'obscurité, la mire de son fusil.

Maurice était presque arrivé au pied du sapin sur lequel chantait le coq, quand le sagard et le curé l'aperçurent. — Appeler l'artiste, il n'y avait pas à y penser. Le vent venait de lui à eux avec une telle force que la voix n'aurait pu se faire entendre à trois pas.

— Avançons ! dit le curé.

Ils firent encore une vingtaine de pas, et Maurice en fit cinq ; car le coq avait repris son chant.

Les deux compagnons n'étaient plus qu'à cinquante ou soixante mètres de l'architecte.

— Monsieur le curé, s'écria tout à coup Jacques ; attention !

Le sagard coucha en joue un point à sa gauche.

Le Hardier, marchant lentement de sapin en sapin, s'avançait vers Maurice. La figure du braconnier était contractée par une expression de haine sauvage. La main droite sur la crosse de son fusil ; la gauche à peu de distance de la batterie, il avait déjà fait le geste d'épauler son arme ; mais il avait cru devoir s'approcher davantage pour rendre le coup plus sûr. Ses yeux, invariablement fixés sur Maurice ; sa démarche cauteleuse, dissimulée derrière chaque obstacle, le faisaient ressembler au chat à l'affût d'un oiseau.

— Faut-il tirer, monsieur le curé, dit Jacques qui avait le doigt sur la détente.

— Gardez-vous en bien, s'écria en tremblant l'homme de paix ; notre présence va l'arrêter.

Le braconnier épaulait. — Le curé se précipita en avant, criant de toutes ses forces : Monsieur Maurice ! mousieur Maurice !

Maurice n'entendit rien ; le vent était trop fort ; mais le braconnier entendit au moment où il serrait la gachette de son arme. — Un frisson parcourut tout son corps, frisson presque imperceptible, mais ce fut assez.

— Trop tard ! s'écria Jacques en voyant la fumée du coup fuir au-dessus de la tête du Hardier: Pourquoi m'avez-vous arrêté ?

— Non, non ! manqué ! il est manqué !

En effet, l'artiste se retournait après avoir vu le coq se *débrancher* lourdement au bruit sec du coup de feu.

— Ah çà ! cria-t-il en apercevant le Hardier qu'il ne reconnut pas d'abord, nous étions deux sur le même gibier. — Vous avez tiré trop bas, camarade, j'ai entendu siffler votre plomb.

Mais Maurice s'aperçut de son erreur en voyant le curé et Jacques courir sur le braconnier et en reconnaissant celui-ci.

— Bas ton fusil ! canaille, criait le sagard d'une voix tonnante. A plat ventre ! et vite, ou je te casse la tête !

Maurice, comprenant tout à fait, mit son fusil en joue et s'avança vers le Hardier.

Celui-ci ne pensait pas à fuir. — Le désespoir de

la haine impuissante sur les traits, il serrait le canon de son arme et regardait Maurice et les deux auxiliaires imprévus qui arrivaient à son ennemi.

— M'as-tu entendu ? répéta Jacques qui n'était plus qu'à quelques pas du vaurien, — par terre! par terre !

Le Hardier vit qu'il fallait obéir. — Il eut peur et s'affaissa sur le sol.

Les quatre hommes étaient réunis.

— Les mains derrière le dos, dit le sagard au braconnier.

Celui-ci chercha à se relever ; mais il sentit sur sa tempe le froid d'un cercle de fer, et retomba à plat ventre.

— Là, dit Jacques, nous allons lui lier les mains ; mais d'abord *rayons* le dard à la guêpe.

Le sagard arracha des mains du braconnier le fusil qu'il tenait encore et en faussa le canon en le frappant sur un rocher. Puis il se baissa vers le prisonnier et lui serra les mains avec sa cravate.

— Imbécile, murmura le Hardier, en sentant la

tête de Jacques près de la sienne ; je faisais tes affaires !

— C'est bien possible, répondit Jacques sur le même ton ; mais je ne t'en avais pas chargé.

— C'est Christon qui m'a vendu, n'est-ce pas, sagard ? Dis-moi cela seulement et je ne t'en voudrai pas de m'avoir fait prendre.

— Que tu m'en veuilles ou non, je m'en moque ! Tu sauras cela à Épinal [1].

Cette scène s'était passée en quelques secondes. Maurice, à peine revenu de sa première surprise, demandait des explications au curé.

— Remerciez Jacques, répondit le prêtre encore tout essoufflé de sa course. C'est lui qui a tout su par ce vaurien de Christon. Et nous sommes arrivés juste à temps, car si je n'avais pas dérangé le coup en criant, je crois bien que vous auriez reçu la balle. — Mais qu'est-ce qu'ils avaient donc contre vous, mon Dieu !

— Je vais vous le dire ; mais laissez-moi d'abord remercier mon sauveur.

---

[1] *A Épinal*, aux assises.

Jacques s'était relevé et s'essuyait le front. Maurice s'avança vers lui en lui tendant la main :

— Comptez sur moi si vous avez besoin d'un ami, mon cher Jacques, lui dit-il.

Mais le sagard resta immobile, les yeux fixés à terre. — L'architecte, étonné, regarda le curé.

— Eh bien! Jacques, dit celui-ci, dont la figure était devenue aussi sévère que celle de son compagnon, tu n'entends pas M. Maurice.

— Si fait, monsieur le curé, répondit Jacques en relevant la tête. Mais j'ai fait ce que j'avais à faire, et c'est assez. — Vous me comprenez bien, et M. Maurice aussi.

— Ma foi, non! s'écria l'architecte.

— Tant pis pour vous. — Monsieur le curé, continua le sagard, je vais redescendre; s'il vous plaisait que je conduise l'homme que voilà aux gendarmes du Vieux-Mesnil?

Maurice se retourna vers le curé.

— M'expliquerez-vous, dit-il...

— Monsieur, interrompit le prêtre, je pense comme Jacques. Il a fait son devoir en cherchant à vous sauver d'un danger qu'il était seul à connaître.

Mais vous ne pouvez rien demander de plus à un homme envers qui vous avez de pareils torts?

— Moi! s'écria Maurice. Voyons, vous ne parlez pas sérieusement!

— Votre mémoire n'est pas longue, dit le sagard d'un ton sourd. — Pourquoi mentir? vous n'avez rien à craindre de moi. Avez-vous oublié la route de Frâmont, depuis hier?

— La route de Frâmont! — Ah çà, expliquons-nous : que s'est-il donc passé, sur la route de Frâmont?

Le sagard se taisait.

— Au nom du ciel! parlez! que voulez-vous dire?

— Ma foi, répondit Jacques avec un sourire amer, je dis que Marguerite a fait semblant d'aller à Frâmont pour vous donner un rendez-vous dans la forêt. — Seulement vous pensiez être seuls et vous avez été vus.

— Et par qui?

— Voilà le témoin, dit sévèrement le curé, en montrant le braconnier étendu sur le sol. Jacques n'eût pas cru cet homme, s'il n'avait eu pour preuve le retour de sa cousine.

— Ah! très-bien! reprit Maurice, alors il n'y a plus à nier. Oui, je l'avoue, j'étais hier matin sur la route de Frâmont; oui, j'y ai rencontré Mlle Marguerite; oui, je suis revenu avec elle jusqu'à l'entrée du bois. Seulement, sagard, continua l'architecte en se retournant vers le Vosgien qui serrait le canon de son fusil, il y a une chose que vous n'avez pas pensé à vous expliquer?

— Laquelle?

— Pourquoi le Hardier voulait m'assassiner ce matin?

— Eh! peu m'importe!

— Plus que vous ne croyez, peut-être.

— Adieu, monsieur le curé, dit le sagard en se détournant, et en faisant deux pas pour s'éloigner.

— Non! attendez, Jacques, dit le curé qui observait la figure de Maurice.

— Merci, monsieur le curé, répondit l'architecte. Eh bien! mes amis, je vous ai assez tenu dans l'incertitude pour être vengé de vos doutes. Voici la vérité : Mlle Marguerite se rendait seule, hier, à Frâmont, et je ne sais trop, ceci pour vous, Jacques, à quoi servent les amoureux qui restent chez eux, quand leurs fiancées sont en route. — Elle a été attaquée sur le chemin par l'honnête homme en qui vous avez tant de confiance ; j'ai été assez heureux pour arriver à temps et l'en délivrer. Il paraît qu'il m'a gardé rancune des procédés un peu vifs que j'avais employés à son égard, et ceci vous explique comment, sans vous, je lui aurais servi de gibier. Demandez-lui si je mens.

Le braconnier suivait avec anxiété toutes les péripéties de cette explication. — Il avait eu un instant l'espérance de voir les deux alliés se diviser, et d'être vengé d'un de ses ennemis par la main de l'autre. Mais il ne put soutenir le regard étincelant que Jacques dirigea vers lui. Le cri de : Grâce ! lui échappa et vint confirmer les paroles de Maurice.

Ce dernier continua :

— Mlle Marguerite a voulu rentrer à Hermont pour être à l'abri des poursuites de cet homme. Elle n'a rien dit de sa tentative, moitié par crainte du bruit, moitié par crainte d'exciter une querelle dangereuse entre ce coquin et vous, Jacques. — Maintenant, vous devez tout comprendre, et j'espère que vous voudrez bien me donner la main.

— Oh! oui, monsieur, balbutia Jacques, étouffé par l'émotion, et serrant, à la briser, la main de Maurice.

— Eh bien! mon garçon, dit le curé, tu vois que tu as bien fait de sauver la vie de M. Maurice.

La figure du Vosgien resta radieuse pendant un instant; mais un regard jeté sur le Hardier l'assombrit de nouveau, et ses traits pacifiques prirent une expression haineuse.

— Tu vas mourir comme un chien que tu es, s'écria-t-il.

Il levait la crosse de son fusil sur le prisonnier qui ferma les yeux. Mais le curé arrêta son bras.

— Souviens-toi de ton rêve, Jacques, dit-il.

— Vous avez raison, monsieur le curé, répondit le sagard, honteux de sa colère; mais je regrette de n'avoir pas tiré tout à l'heure, quand il visait M. Maurice.

— Remercions Dieu qui nous préserve du mal, dit le curé.

En ce moment, le soleil dépassait le sommet de la chaîne d'Allemagne. Ses premiers rayons frappèrent les pierres druidiques du Donon et les cimes jaunes du Champ du Feu. Puis le versant alsacien des Vosges s'éclaira en quelques instants. La tour de Guirbaden et le rocher de Sainte-Odile sortirent leurs têtes rouges de l'ombre qui descendait, et leurs noirs piédestaux se revêtirent des couleurs vertes du printemps. Entre le cirque du Nideck, la demeure des géants, et la montagne de Guirbaden, une traînée lumineuse éclaira le cours de la Brùche et les forêts de Schirmeck. Enfin, la vieille flèche d'Erwin se dressa sur la plaine comme un peuplier, et le Rhin scintilla de Colmar à Wissembourg.

Chacun des traits de ce tableau rappelle un grand souvenir ou une légende poétique. Les deux Vosgiens ignoraient l'histoire de l'Alsace ; mais leur cœur était rempli d'une émotion religieuse qui parlait plus haut que tout autre sentiment.

Les trois amis restèrent un instant silencieux. Le curé reprit le premier la parole.

— Cet homme a voulu vous nuire, dit-il ; mais

pardonnons aux autres si nous voulons être pardonnés. Ne lui ôtons pas, en le mettant avec de plus mauvais que lui, la faculté de se repentir.

Le curé se baissa vers le prisonnier et défit ses liens.

— Tu quitteras le pays, lui dit-il ; car si tu restes ici, je serai forcé de te faire poursuivre. — J'ai prié pour toi tout à l'heure, et si ton âme n'est pas tout à fait perdue, tu pourras redevenir un honnête homme.

Le braconnier leva sur le prêtre des yeux reconnaissants et disparut derrière le rocher, tandis que Jacques disait à Maurice, en riant d'une façon assez incrédule.

— Malgré tout, je serai étonné s'il ne se fait pas pendre !

— Maintenant, Jacques, reprit le curé, tu vas redescendre, car tu as aussi un pardon à demander.

— Je resterai ici avec monsieur.

— J'y pensais, monsieur le curé, répondit Jacques redevenu sérieux. A bientôt, monsieur Maurice.

— Au revoir, mon ami, dit celui-ci en serrant la main du sagard.

XII.

Le curé, resté avec Maurice, lui raconta les circonstances qui avaient permis à Jacques de lui apporter un secours si opportun. — Puis il fit voir à l'architecte qu'il attendait confidence pour confidence, en lui demandant quelles étaient ses intentions et ce qu'il allait faire.

— Décidez vous-même, monsieur le curé, répondit Maurice. J'adopterai votre résolution.

— A votre place, dit le curé, je ne resterais plus qu'un ou deux jours au village. Je suis un bon homme, mon cher monsieur, mais je ne suis pas aveugle et il me semble bien qu'il y avait dans votre affaire un peu d'amourette sous roche. Jacques trouve tout naturel que vous ayez été là, à point nommé, pour délivrer sa cousine ; — rien de mieux ! — Mais vous étiez bien matinal ce jour-là. — Ne vous exposez pas à des regrets, et si vous faites un petit sacrifice, ne le rendez pas plus difficile. — Que pensez-vous de mon avis ?

— Qu'il est sage, monsieur le curé.

— Eh bien ! descendons ensemble, et nous nous dirons adieu demain. — Vous prenez un parti que je crois bon : mais je suis triste de vous voir nous quitter si tôt. — Vous penserez quelquefois au pauvre curé de village à qui vous avez rendu un grand service et qui ne vous oubliera pas de son côté.

— Oh ! certes, monsieur, et je serais bien ingrat d'agir autrement.

— Bah ! nous n'avons fait que notre devoir. Du reste, vous reviendrez voir votre œuvre finie. — Nous mettrons le bouquet sur la tour l'année prochaine et ce ne sera pas sans vous. — Mais qui vient là ?

L'enfant de chœur accourait sur les chaumes, apportant à Maurice une lettre arrivée pendant la nuit. Il avait rencontré Jacques et celui-ci lui avait indiqué l'endroit où était l'artiste. — Marguerite, en proie à une anxiété fiévreuse, avait envoyé ce messager dans l'espoir d'avoir plus tôt des nouvelles des deux jeunes gens.

Maurice vit l'écriture de son oncle et mit la lettre dans sa poche.

— Voilà qui arrive à propos, pour servir de prétexte, dit le curé en en souriant. — Nous dirons au village qu'on vous rappelle de suite à Strasbourg. Ce sera un mensonge que Dieu me pardonnera en faveur de la bonne intention. — Partons-nous ?

— Attendez, M. le curé, répondit Maurice, qui réfléchissait. — Ma foi, dès que la résolution est prise, il vaut mieux l'exécuter sans retard. Vous n'avez plus besoin de moi, et j'ai bien envie de partir de suite. Vous m'excuserez auprès de mes hôtes. — Jacques, au fond du cœur, n'en sera pas fâché, car une figure étrangère n'a rien à faire dans une réconciliation d'amoureux. Je vois que vous m'approuvez, monsieur le curé.

— Je pense, mon cher Monsieur, que si vous nous êtes arrivé d'une façon singulière, vous nous aurez quittés de même. — Après tout, vous avez raison et je vous laisse faire. Jacques vous portera vos bagages à Schirmeck dans quelques heures. Mais promettez-moi que vous ne serez pas longtemps sans revenir nous voir.

— C'est entendu, monsieur le curé. — Adieu, et ne m'oubliez pas.

Les deux hommes s'embrassèrent avec émotion et Maurice resta seul. Avant de commencer à descendre vers la Bruche, l'artiste jeta un dernier regard sur la vallée de la Maine et sur les toits du village, encore plongés dans l'ombre.

— Allons, pensa-t-il, mon roman champêtre est terminé. Il était joli, mais je rendais malheureux de bien braves gens !

Il fit deux pas et les montagnes d'Hermont disparurent derrière la crête des chaumes.

Quelques heures après, l'architecte, installé à l'hôtel de la Croix d'Or, à Schirmeck, attendait dans sa chambre le passage de la voiture de Strasbourg. Quoiqu'il se fût promis de ne plus penser à Hermont, une rêverie involontaire le reportait vers l'auberge des Flotteurs, quand on frappa à sa porte.

C'était Jacques, portant sur ses épaules le sac et la valise. — Maurice se leva et vint à lui.

— Je pensais à vous, dit-il, et je suis heureux de vous serrer encore une fois la main avant de partir.

— Ah! monsieur Maurice, nous sommes tous bien tristes de votre départ. — C'était donc bien pressé ce que contenait cette lettre?

— Oui, mon ami, répondit l'architecte qui se souvint seulement du papier qu'il avait reçu sur les Chaumes.

— Allons, vous reviendrez nous voir, M. le curé nous l'a promis. A bientôt, monsieur Maurice.

— Adieu, et si vous avez besoin de moi, pensez que je suis votre débiteur, mon cher Jacques.

— De quoi donc? Oh! je serai toujours en reste avec vous, vous le savez bien.

Pendant que le sagard descendait, Maurice ouvrit la lettre de son oncle.

— Bon ! se dit-il après avoir lu, le proverbe est vrai. L'argent vient, à défaut de l'amour, — mais cette fois, il arrive à propos.

Il ouvrit sa porte et rappela Jacques.

— J'ai une lettre à écrire au curé ; voulez-vous vous en charger, Jacques ?

— Bien volontiers, répondit celui-ci.

Maurice écrivit la lettre suivante :

« Monsieur le Curé,

» Vous n'aurez pas chargé votre conscience d'un mensonge ; la lettre que j'ai reçue sur les Chaumes me rappelait à Paris, en me rendant une fortune que j'avais compromise après la mort de mes parents.

» J'ai passé auprès de vous trois semaines que je n'oublierai pas. J'ai peut-être dû la vie à vos soins dans une maladie sérieuse. J'ai été sauvé par Jacques d'une mort presque certaine.

» Je serais désolé, monsieur le curé, que vous

pussiez croire que je pense à payer ces services. De semblables dettes se soldent par l'amitié et la reconnaissance, — et je veux, en faisant ce que je viens vous dire, user des priviléges d'un ami.

» Votre église sera bientôt achevée; mais votre zèle et votre dévouement ne feront pas que les habitants d'Hermont aient autre chose que leurs bras à vous offrir; et s'ils peuvent se faire indifféremment maçons ou menuisiers, ils ne peuvent être fondeurs. — Vous n'avez pas de cloches et ne savez comment en avoir.

» D'un autre côté, Jacques est pauvre; et Cugny, qui tient au positif, différerait peut-être son mariage s'il ne se présentait avec une petite dot. Je l'ai fait assez souffrir pour avoir le droit d'y penser.

» Mon banquier, dont l'adresse est au bas de cette lettre, tiendra à votre disposition une somme de vingt mille francs: dix mille pour les cloches que Jacques et Marguerite nommeront ensemble; dix mille pour le parrain.

» Je compte sur vous, monsieur le curé, pour faire accepter à mes amis un don qui compromet à peine mon revenu d'une année.

» Quant aux cloches, je les offre à votre église; vous n'avez pas le droit de les refuser.

» Adieu, et pensez quelques fois à

votre dévoué et reconnaissant,

» Maurice Ambert. »

La diligence de Strasbourg s'arrêtait devant la porte. — Jacques mit Maurice en voiture et retourna dans son village, sans se douter qu'il portât dans sa poche la plus belle dot qu'eût jamais possédée un sagard des Vosges.

Bagnères-de-Luchon, — août, septembre 1859.

FIN

www.ingramcontent.com/pod-product-compliance
Lightning Source LLC
Chambersburg PA
CBHW050321170426
43200CB00009BA/1405